U0556083

并购与重组

理念、策略、流程、实战一本通

胡华成　刘泰玲 ◎ 著

中国商业出版社

图书在版编目（CIP）数据

并购与重组：理念、策略、流程、实战一本通 / 胡华成，刘泰玲著. -- 北京：中国商业出版社，2024.11. -- ISBN 978-7-5208-3212-0

Ⅰ．F279.21

中国国家版本馆 CIP 数据核字第 2024GP8308 号

责任编辑：郝永霞
策划编辑：佟　彤

中国商业出版社出版发行
（www.zgsycb.com　100053　北京广安门内报国寺 1 号）
总编室：010-63180647　　编辑室：010-83118925
发行部：010-83120835/8286
新华书店经销
香河县宏润印刷有限公司印刷
*
710 毫米 ×1000 毫米　16 开　14.75 印张　190 千字
2024 年 11 月第 1 版　2024 年 11 月第 1 次印刷
定价：68.00 元
****
（如有印装质量问题可更换）

推荐序

并购智慧，一册在手，通途无阻

在这个瞬息万变的商业时代，并购与重组已成为企业跨越式增长、战略转型的重要引擎。然而，这场商业游戏既非儿戏，亦非简单的数字堆砌，它考验的是智慧、勇气与策略的深度融合。今天，我有幸在这里作为两位挚友——胡华成老师与刘泰玲老师辛勤付出终得正果的见证者，向广大读者推荐他们共同的心血之作《并购与重组：理念、策略、流程、实战一本通》。这不仅是一本书，更是一把钥匙，一把能够开启通往并购成功之门的神奇之钥。

胡华成老师：财经界的智慧灯塔

胡华成老师不仅是著作等身的财经作家，更是战略咨询、资源赋能、资本赋能领域的领军人物。每当我与胡华成老师促膝长谈，总能被他那独特的见解、深厚的理论功底以及对并购市场的敏锐洞察所折服。胡华成老师的文字，如同他本人一样，充满激情与智慧，总能将复杂的并购理论化繁为简，让人豁然开朗。《颠覆与重构》一书早已成为业界经典，而今，他与刘泰玲老师的这本联手之作，更是让人充满期待。

胡华成老师在这本书中不仅仅贡献了他深厚的理论积累，更融入了无数实战中的真知灼见。他像一位耐心的导师，引领读者穿越并购的迷雾，从理念到策略，从流程到实战，一步步揭开并购、重组的神秘面纱。他的讲述，既高屋建瓴，又脚踏实地，让人在享受阅读乐趣的同时，也能深刻体会到并购的智慧与魅力。

刘泰玲老师：实战派的商海舵手

如果说胡华成老师是并购领域的理论大师，那么刘泰玲老师则是不折不扣的实战派高手。从湖南大学走出的他，凭借扎实的学术功底和不懈努力，在美资、德资企业的 CEO 岗位上积累了超过 20 年的宝贵经验。这段经历，让他对企业管理、市场运作有了深刻的理解和独到的见解。2021年，他创立衡石量书企业管理公司，助力其将这份积累更好地转化为助力中小企业成长的强大动力。

刘泰玲老师在这本书中将自己多年的实战经验倾囊相授。他通过一个个鲜活的并购案例，将并购、重组的每一个环节都剖析得淋漓尽致。无论是并购前的精心筹备，还是并购过程中的策略博弈，乃至并购后的整合挑战，他都能以深入浅出的方式让读者轻松掌握。他的讲述，既有理论的高度，又有实践的深度，让人仿佛置身于并购的现场，亲身体验那份紧张与刺激。

一本通：理念、策略、流程、实战的完美结合

《并购与重组：理念、策略、流程、实战一本通》一书之所以能够在众多并购书籍中脱颖而出，关键在于它实现了理念、策略、流程与实战的完美结合。它不仅仅是一部并购的百科全书，更是一本实战的指南。

在理念部分，作者们深入浅出地阐述了并购与重组的核心价值、市场趋势以及对企业发展的影响，帮助读者建立起对并购的正确认识。策略部分，则通过丰富的案例分析和策略解读，让读者掌握并购过程中的关键要素和决策依据。流程部分，则详细描绘了并购的各个阶段和关键步骤，为读者提供了一套完整的操作指南。而实战部分，则是整本书的精华所在，作者们通过分享自己的亲身经历和成功案例，将并购的智慧与技巧毫无保留地传授给读者。

尤为值得一提的是，这本书并没有停留在过去，而是紧跟时代的步伐，将 AI 时代的并购经典案例纳入其中。这不仅仅展现了作者们的与时俱进精神，更为读者提供了前沿的视野和启示。

结语：必读之作，不容错过

在这个充满机遇与挑战的商业时代，并购与重组已成为企业不可或缺的一部分。然而，若想在这场游戏中脱颖而出，仅凭一腔热血和盲目尝试是远远不够的，我们需要的是智慧、策略和实战经验的指导，而《并购与重组：理念、策略、流程、实战一本通》正是这样一本能够为我们提供全方位指导的书籍。

无论你是初涉并购领域的新手，还是经验丰富的老将；无论你是企业高管、投资者、金融从业者，还是企业顾问，这本书都将是你不可或缺的伙伴。它将以简洁生动的语言、丰富的案例分析和实用的操作指南，引领你穿越并购的迷雾，走向成功的彼岸。

因此，我强烈推荐每一位对并购与重组感兴趣的朋友都来读一读这本书。相信在不久的将来，当你们站在并购成功的巅峰回望来时路时，一定会感激今天这个决定——选择了《并购与重组：理念、策略、流程、实战一本通》作为你们的引路人。

衡鼎量书集团创始合伙人
邱伯瑜

自 序

为企业铸就永恒之路

作为智和岛集团的创始人,当我回首往昔,2014年至2018年的四年时光,宛如一场深邃又发人深省的思想之旅。在这悠悠岁月里,我全身心地沉浸于对人生与企业的深度思索之中。

众所周知,所有人自诞生于这个世界的那一刻起,便无可避免地踏上了通向死亡的必然旅程;而所有的公司,从其注册成立的初始瞬间开始,未来也终将无可争辩地面临倒闭的结局。乍一听,这似乎是一种极为悲观且令人沮丧的定论,但恰恰是这种看似冷酷的现实,促使我更为深刻地领悟到,无论是人生还是企业,其真正的价值恰恰蕴含于这无法更改的结局来临之前那漫长而又充满变数的过程之中。

对于人生而言,其意义绝非局限于生命的终点,而在于那一次次丰富多彩的经历,那一场场刻骨铭心的情感交融,以及那一段段对梦想矢志不渝的执着追求。每一个欢笑与泪水交织的瞬间,每一次挫折中奋起的拼搏,每一回心灵的成长与升华,共同编织成了人生绚丽多彩的画卷。

对于企业而言,其价值绝非仅仅体现在最终的倒闭与否,而是体现在为社会所创造的巨大财富,为员工所提供的广阔发展机遇,以及在激烈的市场竞争中所留下的独特而不可磨灭的印记。一家企业,从其创立伊始,所经历的每一次创新突破,所达成的每一项业务成就,所积累的每一份客户信任,皆是其价值的生动体现。

正是在这四年漫长而又深入的思考与学习过程中,我对并购这一商业领域的核心策略产生了无比浓厚的兴趣。并购，不再只是一个简单的商业操作手段，它已成为我内心深处的一份坚定信念和一种深刻洞察。

我坚信，在未来这个充满变数和激烈竞争的商业世界里，并购对于企业而言绝不是一种可有可无的选择，而是关乎生死存亡的关键抉择。随着市场的日益全球化、技术的飞速进步以及消费者需求的不断变化，企业所面临的挑战越发严峻，单打独斗的发展模式在这样的环境下显得越发脆弱和无力。

在如今的商业生态中，资源的整合、优势的互补以及协同效应的发挥变得至关重要。一家企业，无论其当前的发展态势如何良好，若不能及时通过并购来获取新的技术、拓宽市场渠道、优化产业结构，那么它必将在日益激烈的竞争中逐渐失去优势，直至被市场的洪流所淘汰。

并购能够为企业带来多方面的优势。首先，通过并购，企业可以迅速获得稀缺的资源，包括但不限于技术专利、人才团队、品牌影响力等。这些资源，往往是企业依靠其自身内部发展难以在短时间内获取的。

其次，并购能够实现规模经济、降低生产成本、提高市场议价能力。当企业通过并购扩大规模后，可以在采购、生产、销售等环节实现协同，从而提高整体的运营效率和盈利能力。

再次，并购有助于企业分散风险。不同企业在不同的市场环境和业务领域中面临着不同的风险。通过并购多元化，能够使企业的业务组合更加均衡，降低因单一业务波动而导致的整体风险。

最后，并购能够提高企业的创新能力。不同企业之间的文化碰撞、思想交流以及技术融合，能够激发新的创意和创新思路，为企业的持续发展注入强大的动力。

综上所述，我内心坚信，未来所有的企业只有通过实施积极、明智的并购策略，实现企业规模的扩大、市场份额的提升等，才能够在瞬息万变、竞争激烈的商业世界中延长其宝贵的生命周期，不断适应市场的变化，实现可持续发展。否则，仅仅依靠企业自身的内部积累和缓慢发展，必然难以应对来自各方的挑战和压力，最终只能走向倒闭的结局。

2019年至2023年，我满怀着这份炽热而坚定的信念，毅然投身于深度的并购与重组案例的学习之中。我宛如一位孜孜不倦、求知若渴的学者，在浩如烟海的案例海洋中不知疲倦地探寻真理的珍珠。挖掘全球范围内的经典案例，精心剖析企业生存与发展的深层意义，全力以赴地试图从中寻觅到那把能够开启企业持续发展之门的神秘钥匙。

下面，就让我们一起深入探讨不同类型的企业对于并购的迫切需求。

小公司犹如在商业丛林中艰难求生的幼苗，它们往往面临着资源匮乏、市场份额狭小、品牌知名度低等诸多困境。在激烈的市场竞争中，小公司单枪匹马、势单力薄，难以抵御困难和挑战的侵袭。然而，通过并购，小公司能够与其他同行抱团取暖，实现资源共享、优势互补。要知道，资源在商业世界中是至关重要的因素。小公司通常在资金、人才、技术等方面捉襟见肘，而并购可以让它们整合各方资源。例如，几家小型的科技初创企业可以合并，共同整合研发力量、降低研发成本。研发工作需要大量的资金投入和专业人才的支持，小公司单独进行往往力不从心，但通过合并，能够汇聚各方的技术专长和创新思维，集中力量攻克难题，提高研发效率和成功率。同时，它们还能共享销售渠道，原本各自为战的销售网络得以融合，拓展了客户群体，提升了产品的市场覆盖面。这种抱团取暖的方式，使得小公司能够在短期内迅速提升实力，共同应对市场挑战，为未来的发展奠定坚实的基础。

创新型公司，如同在未知领域勇敢探索的开拓者，它们致力于打破常规，创造新的价值。然而，创新并非易事，需要大量的资源投入和多元化的知识融合。创新型公司常常受限于自身的规模和资源，难以独自承担创新的高风险和高成本。通过并购，创新型公司能够获得新的技术、人才和创意，为创新注入强大的动力。比如，一家专注于人工智能应用的创新型公司并购一家在算法研究方面具有深厚积累的小型企业，能够将先进的算法融入自身的应用中，开拓新的市场领域。又如，一家生物科技创新型公司并购一家拥有独特实验设备和研发团队的企业，能够加快新药研发的进程，提高创新的成功率。并购为创新型公司提供了更广阔的创新空间和更多的可能性，使它们能够在创新的道路上走得更远、更稳。

成长型公司，正处于快速发展的关键阶段，犹如一艘扬帆起航的快艇，急切地渴望在广阔的商海中乘风破浪。然而，它们常常面临着资金紧张、技术瓶颈、管理经验不足等问题。并购对于成长型公司而言，是砥砺前行的强大助推器。资金的紧张往往限制了成长型公司的业务拓展和创新投入，通过并购，可以让成长型公司获取急需的资金支持，为其发展注入强大的动力。同时，引进先进的技术和管理经验也是至关重要的。在当今快速发展的商业环境中，技术更新换代迅速，管理理念不断创新，成长型公司若依靠自身慢慢摸索，很可能错失良机。例如，一家成长型互联网企业并购一家拥有成熟技术的小型公司，不仅能够填补自身技术短板，还能借助被并购公司的市场渠道，实现业务的快速扩张。被并购公司成熟的技术可以立即应用于成长型公司的现有业务，提升其产品或服务的质量和竞争力；而被并购公司已经建立的市场渠道，则能够帮助成长型公司迅速打开新的市场，加速自身的成长步伐。

发展型公司，在业务逐渐拓展、规模不断扩大的过程中，往往面临着成本上升、效率降低等问题，而并购则成为它们降低成本、提高效率的有效途径。通过横向并购同类型企业，发展型公司可以实现规模经济、降低采购成本、优化生产流程、提高资源利用效率。在采购环节，大规模采购能够增强与供应商的议价能力，获得更优惠的价格和付款条件。生产流程方面，通过整合不同企业的优势环节，去除冗余和低效部分，能够实现标准化和精益化生产。例如，一家制造业的发展型公司并购其竞争对手，能够通过整合生产线，实现规模化生产，降低单位产品的生产成本。规模的扩大使固定成本得以分摊，从而在价格竞争中占据优势，为公司赢得更多的市场份额和利润空间。

出海型公司，怀揣着在全球市场一展身手的雄心壮志，却面临着诸多障碍和挑战。由于不同国家和地区的市场环境、法律法规、文化习俗等差异较大，使得出海型公司在独自开拓海外市场时需要投入大量的时间和资源，且风险极高。而通过并购，出海型公司能够迅速获得当地的市场渠道、品牌知名度和客户资源，实现全球布局的战略目标。比如，一家中国的电商企业想要进入欧美市场，那么并购一家在当地已经具有一定知名度和用户基础的电商平台，就能够借助该电商平台成熟的运营模式和物流配送体系快速融入当地市场，减少市场进入的阻力和风险。又如，一家科技公司通过并购海外的研发中心或创新企业，便能够获取当地的前沿技术和人才，提升自身在全球范围内的创新能力和竞争力，从而在全球市场占据一席之地。

竞争型公司，置身于激烈的商业战场，犹如角斗士般时刻面临着生死较量。市场竞争残酷无情，消费者需求瞬息万变，竞争对手虎视眈眈。在这样的环境中，竞争型公司想要立于不败之地，并购是关键策略。通过并购，竞争型公司能够迅速扩大规模，增强自身的市场话语权。例如，一家在区域市场占据一定份额的零售企业，通过并购同类型的其他区域企业，可以形成全国性的连锁规模，提升与供应商的谈判能力，降低采购成本，从而在价格上具备更大的竞争优势。同时，并购还能让竞争型公司实现产品线的丰富和优化，满足消费者多样化的需求，提高客户忠诚度。此外，整合被并购公司的优秀人才和先进管理经验，能够提高企业的运营效率和创新能力，使其在激烈的竞争中脱颖而出。

生态型公司，追求的是构建一个完整、协同、可持续发展的商业生态系统。然而，要实现这一目标并非易事，需要整合各方资源和能力。通过并购，生态型公司能够完善自身的生态布局。比如，一家以互联网平台为核心的生态型公司，通过并购相关的上下游企业，如内容提供商、技术服务公司、物流配送企业等，可以打造一个更加完整的生态链条。这样不仅能够提升平台的服务质量和用户体验，还能增强整个生态系统的稳定性和抗风险能力。又如，一家致力于环保产业的生态型公司，通过并购各类环保技术企业、资源回收企业等，能够形成从研发、生产到回收利用的全产业链布局，推动整个行业的发展，实现更大的社会价值和商业价值。

大公司，通常已经在市场中占据了一定的地位，但要想成为行业的头部企业，并购仍是不可或缺的战略手段。通过并购具有独特优势的企业，大公司可以进一步巩固和扩大市场份额，完善产业链布局，提升行业影响力。在当今高度竞争的商业环境中，市场份额的争夺异常激烈。大公司通过并购具有潜力的竞争对手或互补企业，能够快速占领新的市场领域，增强对市场的控制力。例如，一家大型的零售企业通过并购一家具有先进物流配送系统的公司，可以优化自身的供应链，提高配送效率，增强对市场的覆盖面和服务能力。同时，先进的物流配送系统也能够确保商品更快速、更准确地送到消费者手中，提升客户满意度和忠诚度。总之，通过并购大公司可以在行业竞争中脱颖而出，成为引领行业发展的头部企业，树立行业标杆，引领行业的发展方向。

上市公司，作为公众关注的焦点，面临着股东期望、市场竞争和监管要求等多重压力。并购对于上市公司而言，是构建自身护城河、抵御外部风险的重要战略举措。在资本市场中，投资者对上市公司的业绩和增长前景有着较高的期望。通过并购具有核心竞争力的企业，上市公司可以增强自身的技术实力、拓宽业务领域、提升品牌价值，从而在资本市场上保持良好的表现，为股东创造更大的价值。比如，一家上市的医药公司并购一家拥有创新药物研发能力的生物技术公司，可以丰富产品线，提高公司的盈利能力和抗风险能力。创新药物的研发往往需要大量的资金和时间投入，通过并购，上市公司能够快速获得有潜力的研发成果，缩短研发周期，降低研发风险，巩固其在资本市场上的地位，增强投资者的信心，为公司的持续发展提供有力的支持。

在这漫长的学习与探索之旅中，我积累了丰富的知识和宝贵的经验。2024年，我终于决定动笔，将所学、所知、所想汇总成书，希望能为更多的企业和有志之士提供一些启示和帮助。

接下来，让我们一同走近这本书。

上篇"并购的意义"，为我们揭开并购的神秘面纱。

第一章，明确并购的定义与内涵。并购并非简单的企业合并，它涉及复杂的法律、财务和战略考量。通过深入探讨并购的主要类型，如横向并购、纵向并购、混合并购等，我们能更好地理解不同类型并购的特点和适用场景。同时，回顾并购的历史与发展，我们可以看到并购在不同时期的演变和对经济社会的影响，从而更好地把握其发展趋势。

第二章，从多个角度阐述了并购的重要性。首先，并购能够实现企业规模扩张与经营协同，便于企业整合资源、降低成本、提高效率。其次，并购能够让企业提升竞争力与市场支配力，帮助其在激烈的市场竞争中脱颖而出，占据有利地位。再次，并购能够让企业获取资源与技术，为其注入新的活力和创新能力。又次，并购能够让企业做大市值，令发展多元化，从而增强企业的抗风险能力和发展潜力。最后，并购能够分散企业风险，优化企业的财务结构和管理模式。

第三章，探讨了处于不同发展阶段和面临不同挑战的企业对并购的需求。处于发展瓶颈期的企业，需要通过并购突破困境，寻找新的增长点。转型与变革中的企业，借助并购可以快速实现战略转型，适应市场变化。拓展新市场与新技术的企业，并购能帮助其节省研发时间和成本，抢占市场先机。有行业整合需求的企业，通过并购可以提高行业集中度，优化产业结构。想要增加市场份额的企业，并购是一条快速有效的途径。

第四章，分析了企业在面临各种外部压力和内部困境时，并购成为其必然选择的原因。竞争压力迫使企业通过并购扩大规模，增强实力。财务困境中的企业，借助并购可以改善财务状况，实现自救。技术变革挑战要求企业通过并购获取新技术，跟上时代步伐。监管和政策变化可能导致企业战略调整，而并购成为应对这种变化的重要手段。

中篇"并购的过程"，犹如一场精心策划的战役。

第五章，介绍了并购前的准备工作。首先，指出并购关键的第一步是明确并购目标，只有目标清晰，才能有的放矢。其次，组建专业团队，集合法律、财务、战略等各领域的专家，为并购提供有力支持。再次，制订并购战略和计划，确保并购行动有条不紊地进行。最后，融资结构与资金筹措。

第六章，通过行业分析与筛选，帮助大家确定潜在的目标领域。对潜在并购标的进行评估，全面了解其价值和风险。借助外部顾问和工具，提高寻找标的的效率和准确性。

第七章，介绍了如何与标的方实现并购共赢。首先，建立良性沟通渠道，促进双方的理解与信任。其次，展示自身优势与诚意，增强标的方的合作意愿。最后，了解对方需求和期望，寻求双方利益的平衡点。

第八章，介绍了并购谈判中的策略与技巧。具体包括掌握谈判节奏，灵活应变，根据形势调整策略。在制定整体谈判策略时，要明确谈判的重点和底线。在谈判过程中,定价与对价讨论是核心环节,需要综合考虑各种因素,确保公平合理。最后,尽职调查与财务评估,可以为谈判提供有力的依据。

第九章,介绍了并购过程中遇到的问题及解决。估值分歧需要通过专业的评估和协商来处理;对于法律风险,要求我们熟悉法律法规,并提前做好防范和应对措施;文化差异的克服,需要双方的包容与融合;而融资问题的解决,则需要灵活运用各种融资渠道和工具。

第十章,介绍了协议的签订。首先,要对协议关键条款进行解读,以确保双方的权益得到明确和保障。其次,要确保协议的法律效力,为并购交易提供法律支撑。最后,要对协议的执行进行监督,以保证协议的有效履行。

下篇"并购后的整合",决定着并购的最终成败。

第十一章,介绍了并购后如何重组,主要包括四个方面:一是业务整合策略要根据企业实际情况制定,以实现资源的优化配置。二是要对组织架构进行调整,以适应新的发展需求。三是进行文化融合,促进团队协作与凝聚力。四是进行系统与流程整合,提高运营效率。五是财务重组和资产重组。

第十二章,介绍了治理模式的构建,主要有四个方面的好处:一是建立有效的治理机制,能够实现企业决策的科学性和规范性。二是有利于协调各方利益关系,实现共赢发展。三是通过进行风险与合规管理,保障企业稳健运行。四是优化治理模式,提高企业治理水平。

第十三章,介绍了并购后的关系维护,主要有四个方面:一是与原有管理层的合作要建立在相互尊重和信任的基础上。二是员工关系的处理要关注员工的需求和感受,稳定人心。三是要进行客户和供应链关系的维护,来保证业务的连续性。四是要进行外部沟通与品牌管理,以提升企业形象和声誉。

  第十四章,介绍了实现并达成双方并购的目的和意义的方法和路径。一是发挥协同效应,实现"1+1>2"的效果。二是创造长期价值,为企业的可持续发展奠定基础。三是持续绩效监控,及时发现问题并调整策略。四是不断进行战略调整和优化,使企业始终保持正确的发展方向。

  总之,并购与重组是一项复杂而充满挑战的工作,也是企业实现跨越式发展的重要途径。最后,希望本书能够为您在并购与重组的道路上提供有益的指导和借鉴,从而为企业的未来创造更多的可能。

智和岛集团创始人董事长

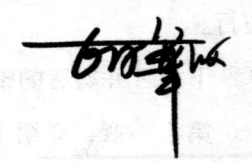

前　言

在科学技术和全球化迅猛发展的背景下，并购重组已经成为现代企业发展的重要策略之一。自20世纪初以来，美国等西方国家的并购活动经历了多次高潮，从19世纪末的"合并浪潮"到20世纪80年代的杠杆收购，再到21世纪初的跨国并购，等等，推动了企业的快速扩展和产业整合，形成了众多具有国际竞争力的大型企业集团。

在中国，并购重组的历史可以追溯到20世纪90年代初。随着市场经济体制的逐步确立和发展，中国企业开始通过并购重组进行产业整合和规模扩张。进入21世纪后，特别是中国加入WTO之后，中国企业的并购活动进一步活跃，涌现出了如中石油、中石化等大型国企通过兼并重组实现快速发展的案例。如今，经过多年的发展，中国已经成为全球第二大并购市场，仅次于美国。特别是2023年，全面注册制的实施引领了中国特色现代资本市场建设的新阶段，并购重组在优化存量资源方面的作用变得更加明显。

在这种大背景下，企业高管、投资者、金融从业者以及企业顾问等群体迫切需要深入了解并购重组的理念、策略和实际操作方法。他们需要系统的知识体系与丰富的实战经验来应对复杂的市场环境和多变的商业挑战。在中国市场上，随着人工智能、绿色能源和智能制造的发展，许多科技企业通过并购重组迅速获取了先进技术和市场资源来保持竞争优势。面对全球供应链的动荡、环保法规的日益严格以及市场竞争的日益激烈，企业必须不断调整和优化自身结构。特别是中小企业，在资金、技术和市场拓展等方面面临着更大的压力，如何通过并购重组实现快速增长和资源整合，成为他们亟须解决的问题。同时，那些希望通过并购重组来提升市场竞争力和资源配置效率的企业，也需要掌握相关知识，以便在复杂的市场环境中取得成功。

本书正是为满足这些需求而编写的。书中不仅涵盖了并购重组的基本概念和理论，还详细讲解了具体的操作流程和策略技巧，旨在为读者提供一套从理念到实操的完整知识体系。通过阅读本书，读者将能够系统地掌握并购重组的各个环节，提高实战操作能力，提升企业竞争力和市场表现力。

本书聚焦于并购的具体概念和流程。书名中的"重组"一词，更多地关注并购后的整合，而不是涵盖"重组"一词的所有含义。通过对并购的定义和类型、并购前的准备、如何寻找并购标的、并购谈判策略以及并购后整合进行详细阐述，书中提供了一条清晰的路径，涵盖了从业务战略制定、并购计划、物色并筛选并购对象，到与目标首次接触、细化估值与尽职调查、制订整合计划、完成收购以及最终的整合与评估等各个阶段。这种专注性使得本书更有针对性，能够为读者提供深度且实用的指导，特别是在企业收购操作过程中。

本书的结构分为上篇、中篇和下篇三个部分。上篇主要介绍了并购的基本概念、类型、历史与发展，探讨企业进行并购的动因和必要性。中篇则深入讲解了并购前的准备工作，包括如何寻找并购标的、制定谈判策略与技巧，以及并购过程中可能遇到的问题及其解决方案。下篇则重点讨论了并购后的业务整合、组织架构调整、文化融合与治理模式的构建等内容。这三篇内容全面涵盖了并购及并购后整合的各个方面。

无论您是企业高管、投资者、金融从业者还是企业顾问，本书都将为您在并购重组领域的实践提供宝贵的参考和指导。希望通过阅读本书，您能更好地理解并购重组的本质，掌握实际操作技能。

目　录

上篇　并购的意义

第一章　并购是什么 / 2
并购的定义与内涵 / 2
并购的主要类型 / 5
并购的历史与发展 / 12

第二章　为什么要并购 / 20
实现规模扩张与经营协同 / 20
提升竞争力与市场支配力 / 23
获取资源与技术 / 27
做大市值与多元化 / 29
分散风险、财务协同与管理主义 / 31
财务投资：实现资本增值与股东回报 / 35
提升品牌影响力与供应链优化 / 37

第三章　哪些企业需要并购 / 41
发展瓶颈期 / 41
战略转型与变革 / 44

拓展新市场与新技术 / 47
行业整合需求 / 49
市场份额增加 / 52

第四章　企业并购时机 / 56

竞争压力 / 56
财务困境 / 59
技术变革挑战 / 62
监管和政策变化 / 65

中篇　并购的过程

第五章　并购前的准备 / 70

明确并购目标 / 70
组建专业团队 / 73
制订并购战略和计划 / 75
融资结构与资金筹措 / 81

第六章　如何寻找并购标的 / 86

行业分析与筛选 / 86
潜在标的评估 / 89
借助外部顾问和工具 / 92

第七章　如何与标的方实现并购共赢 / 97

建立良性沟通渠道 / 97

展示自身优势与诚意 / 100

了解对方需求和期望 / 103

第八章　并购谈判中的策略与技巧 / 106

谈判节奏与灵活应变策略 / 106

制定整体谈判策略 / 109

定价与对价讨论 / 113

尽职调查与财务评估 / 116

第九章　如何处理并购过程中遇到的问题 / 122

估值分歧的处理 / 122

法律风险应对 / 125

文化差异的克服 / 129

融资问题的解决 / 132

第十章　如何签订协议 / 136

协议关键条款解读 / 136

确保协议的法律效力 / 144

后续监督与执行 / 145

下篇　并购后的整合

第十一章　并购后如何重组 / 152

业务整合策略 / 152

组织架构调整 / 155

文化融合 / 158

系统与流程整合 / 162

财务重组和资产重组 / 165

第十二章　治理模式的构建 / 168

建立有效的治理机制 / 168

协调各方利益关系 / 172

风险管理与合规 / 175

治理模式优化 / 179

第十三章　并购后的关系维护 / 183

与原有管理层的合作 / 183

员工关系的处理 / 186

客户和供应链关系 / 188

外部沟通与品牌管理 / 192

第十四章　如何实现并达成双方并购的目的和意义 / 197

协同效应的发挥 / 197

长期价值的创造 / 200

持续绩效监控 / 202

战略调整和优化 / 206

后　记 / 209

上篇
并购的意义

第一章　并购是什么

并购的定义与内涵

华特迪士尼公司起初是一家专注于制作动画短片的小型工作室,但到了现在,它已成为全球最大的娱乐公司,市值更是从最初的几万美元增长到如今的 2000 多亿美元。

在过去的 100 多年里,迪士尼经历了大约 60 次大大小小的并购,其多年来的发展在很大程度上得益于这些并购活动,其中比较重要的战略并购包括:1993 年,收购了米拉麦克斯影业,增强了其在独立电影和艺术电影领域的制作和发行能力;1996 年,收购了 ABC 广播公司,成功进入电视和广播市场;2001 年,收购了福克斯家庭频道,扩展了其在家庭娱乐内容和有线电视市场的影响力;2006 年,收购了皮克斯动画工作室,整合了先进的动画技术和创意资源,提升了其动画电影的制作能力;2009 年,收购了漫威娱乐,获取了广泛的超级英雄 IP 资源,大大增强了其电影、电视和衍生品业务;2012 年,收购了卢卡斯影业,获得了《星球大战》和"印第安纳·琼斯"系列等知名 IP,进一步强化了其电影制作和衍生品业务;2018 年,收购了 BAMTech,增强了流媒体技术能力,支持了其自有流媒体服务 Disney+ 的发展;2019 年,收购了 21 世纪福克斯,不仅增加了大量影视内容资源，还增强了其在全球市场的竞争力，并拓展了 Hulu 和 Disney+ 等流媒体平台的内容库。

纵观世界上的知名大企业，几乎没有一家企业不是经历了多次并购重组而发展至今的。华为通过并购赛门铁克的部分业务，增强了其在网络安全领域的技术能力和市场竞争力。腾讯通过收购 Riot Games 和 Supercell，扩大了其在全球游戏市场的影响力，并进一步丰富了其游戏产品线。阿里巴巴通过收购优酷土豆和 Lazada，拓展了其在视频分享和东南亚电商市场的业务。美的集团通过并购库卡机器人公司，提升了其在智能制造和自动化领域的技术实力，并进一步巩固了其在全球家电市场的领先地位。苹果通过并购诸多技术公司，增强了其技术和产品线。亚马逊通过并购 Zappos、Whole Foods Market 和 Twitch 等公司，扩展了其在电商、食品零售和流媒体等领域的业务。谷歌通过收购 YouTube、Android 和 DoubleClick 等公司，极大地增强了其在视频分享、移动操作系统和在线广告领域的影响力。微软收购了多个关键企业，如 LinkedIn 和 GitHub，帮助其进入了社交网络和代码托管平台领域，从而增强了其企业级服务的能力。宝洁通过并购吉列、潘婷和汰渍等品牌，丰富了其产品线，巩固了其在日用品市场的地位。可口可乐通过收购多家饮料公司，如 Costa Coffee 和 BodyArmor，拓展了其产品种类和市场覆盖面。

并购不仅对并购方企业有利，对于被并购的标的企业来说，也是一个迅速盈利和加快发展的有效途径。

许多技术初创公司专注于开发创新产品和技术，并期望被大型科技公司，如腾讯、小米、美的、谷歌、苹果、微软或亚马逊等收购。通过并购，这些大公司可以快速获取新技术和人才，而小公司则能够获得资源支持和市场拓展机会。这种并购策略在科技、医药、生物技术等高科技行业尤为普遍。

什么是并购？按老百姓的通俗理解，并购就是购买企业。也就是说，一个公司通过购买另一个公司的全部或部分资产、股权，来实现业务扩展、资源整合或增强市场竞争力，并取得其控制权。这可以包括直接购买整个公司，也可以只是购买部分资产或股权。在这一过程中，公司或企业成了一种商品。

"并购重组"是一个常用的市场术语，并不是一个严格的法律概念。在大部分"并购"和"重组"两词连用的上下文中，"并购重组"应视为一个词组，而不是两个词义不同的词的组合。在《国务院关于促进企业兼并重组的意见》《国务院关于进一步优化企业兼并重组市场环境的意见》两文件中，"并购重组"与"兼并重组"同义，"兼并"和"重组"被反复提及，且多次连用，指向包括收购、合并、资产重组和股权重组等企业控制权转让和后续整合的广泛过程。同样，在《上市公司并购重组财务顾问业务管理办法》中，"并购"和"重组"被反复提及且多次连用，指向包括收购在内的企业整合过程。在本书中，"并购"一词也意味着通常意义上的"并购重组"这一词组，即涵盖并购的过程以及并购后的整合过程。

在我国的基本法律中，如在《中华人民共和国公司法》与《中华人民共和国证券法》中，并无"并购"一词及其定义。然而，在《关于外国投资者并购境内企业的规定》中，却对并购进行了专门定义。在该文件第一章"总则"中的第二条里是这样写的：

第二条　本规定所称外国投资者并购境内企业，系指外国投资者购买境内非外商投资企业（以下称"境内公司"）股东的股权或认购境内公司增资，使该境内公司变更设立为外商投资企业（以下称"股权并购"）；或者，外国投资者设立外商投资企业，并通过该企业协议购买境内企业资产且运营该资产，或外国投资者协议购买境内企业资产，并以该资产投资设立外商投资企业运营该资产（以下称"资产并购"）。

从上面的法规条目定义可以看出，"并购"的定义和内涵其实采用的是《中华人民共和国公司法》《中华人民共和国证券法》以及《上市公司收购管理办法》中"收购"的内涵。其中提及的"股权并购"，指的是外国投资者购买境内公司的股权或认购境内公司增资，使其变更为外商投资企业，本质上是通过购买现有股东的股份来获得控制权。而"资产并购"，则指的是外国投资者通过设立外商投资企业，来购买境内企业的资产并运营，或者直接购买资产，并以该资产设立外商投资企业运营，也就是通过购买企业的具体资产而非整体股份来获取其经营权。

本书将采用本节以上所给出的关于"并购"一词的定义和内涵。

也就是说，并购是指一个公司通过购买另一个公司的全部或部分股权、资产，以获得该公司的控制权，从而实现业务扩展、资源整合、市场竞争力增强等目的的过程。

从广义上讲，并购包括两种主要形式：合并（Merger）和收购（Acquisition）。合并是指两个公司合并成为一个新公司，收购则是指一个公司直接购买另一个公司的全部或部分股权或资产，以获得其控制权。本书中，"并购"在定义上更多地倾向于"收购"的含义，即通过购买股权或资产来获得对另一公司的控制权和经营权。而"并购重组"作为一个词组出现时，将被视为一个整体概念，涵盖包括收购、合并、资产重组和股权重组在内的广泛企业整合过程。

并购的主要类型

按照不同的分类标准，并购可以分为很多不同的类型。对并购的分类标准可能不下九种，如按所处行业、并购意愿、支付方式、地理范围、法律形式、并购目的、整合程度、时间框架、经济性质等分类标准，并购可分为几十种具体类型。但在理解并购的历史和现实应用中，以下几个分类标准是最重要和最常用的，对理解并购行为和策略非常有帮助。

（1）按所处行业分类，可以帮助理解并购的战略意图，如市场份额扩张（横向并购）、供应链整合（纵向并购）以及多元化经营（混合并购）。这种分类方式揭示了企业通过并购实现特定商业目标的不同途径。

（2）按并购意愿分类，可以反映并购过程中的人际关系和法律策略。善意并购通常较为顺利，因为它是双方在友好协商的基础上达成的协议。而恶意并购则涉及更多的法律和谈判技巧，并购方往往会不顾被并购方的意愿，强行收购，过程中常常充满争议和复杂性。

（3）按支付方式分类，直接影响并购的财务结构和风险管理。例如，现金购买式并购需要并购方具备大量的流动资金，而杠杆收购（LBO）则通过借款进行并购，利用被并购方的资产作为抵押，并购完成后用被并购方的现金流来偿还债务。这种分类方式有助于理解不同并购方式所带来的财务风险和回报。

（4）按地理范围分类，可以揭示并购的市场扩展策略和全球化背景。国内并购通常较为简单，因为涉及的法律和市场环境较为熟悉。而跨国并购则复杂得多，涉及更多的文化、法律和经济因素，反映了企业在全球范围内扩展业务的意图和挑战。

本节将重点介绍基于双方所处行业和并购意愿的两种主要分类标准下的并购类型，其他类型将简要概述。

按所处行业分类，并购可分为横向并购、纵向并购和混合并购三种类型。

1. 横向并购

横向并购是指并购双方处于同一行业或经营同类产品，并购的主要目的是扩大市场份额和实现规模经济效应。例如，一家大型连锁超市收购另一家连锁超市，是为了通过整合资源、减少竞争和提高市场占有率来实现更大的经济效益。横向并购使企业能够迅速扩展市场版图，巩固行业地位，并通过共享资源和优化运营流程来实现成本节约。

在历史上，美国第一次并购浪潮主要是以横向并购为主。19 世纪末至 20 世纪初，美国经济快速发展，大量企业通过横向并购来进行市场扩张和垄断。典型的案例是标准石油公司，它通过收购同行业的小型炼油厂，在短时间内控制了全美 90% 以上的炼油能力，达到了垄断市场的目的。

在中国，随着市场经济的发展，中国企业在横向并购方面取得了显著成就。典型案例之一是吉利收购沃尔沃，两者都是汽车制造商，沃尔沃是瑞典的知名汽车品牌。2010 年，吉利以 18 亿美元的价格从福特手中收购了沃尔沃，扩大了自己的产品线和市场覆盖范围，还获得了沃尔沃的先进技术和品牌优势，使吉利在全球汽车市场中占据了更加重要的地位。另一个典型案例是大连港并购营口港。2020 年 7 月 7 日，大连港宣布以 167.65 亿元的价格，通过发行 A 股的方式吸收合并营口港。营口港作为被合并方，将退市并注销。此次合并是辽宁省国企改革的重要举措，旨在消除同业竞争，实现"一省一港"的发展目标。通过这次并购，使得两港口能够统筹协调，形成合力，资源共享，提高运营效率，并减少恶性竞争带来的债务负担。

2. 纵向并购

纵向并购又称为垂直整合或纵向整合，是指并购双方在生产经营环节存在上下游关系，并购的主要目的是控制供应链的多个环节，减少交易成本和不确定性，提高整体效率。例如，一家汽车制造商收购了一家轮胎供应商，通过确保关键零部件的供应稳定，并降低成本，增强对供应链的掌控，提高产品质量和服务水平，从而提高了市场竞争力。

在历史上，纵向并购一直是企业优化供应链管理和提升市场地位的重要策略。一个典型的案例是美国钢铁公司（US Steel），它通过收购上下游相关企业，如铁矿石公司和铁路运输公司，控制了从原材料获取到产品运输的整个生产链。

在中国，纵向并购也得到了广泛应用，帮助企业提升了供应链管理能力和市场竞争力。一个典型的案例是潍柴动力（000338），它通过兼并收购，向上游整合了变速箱和车桥业务，向下游整合了重型卡车、装载机以及大客车整车制造业务，成为一家在整个重型车辆产业链上都有布局的公司。

3. 混合并购

混合并购又称多元化战略或同心并购，是指并购双方虽然在不同行业或经营不同产品，但存在一定的市场相关性和客户重叠。这种并购通常是为了实现业务多元化，降低经营风险和增加市场机会，进入新的市场领域。

一个经典的混合并购案例是美国通用电气公司在20世纪中后期进行的大规模多元化并购，使GE从最初的电力和家电业务扩展到了金融服务、医疗设备、航空发动机等多个领域。

在中国，混合并购案例也很多。比如，万达集团2012年收购AMC娱乐公司，这是当时中国企业在文化娱乐领域最大的一笔海外收购，使万达集团进入了全球电影放映市场，扩展了其业务版图，并通过整合资源和管理经验，提升了其全球市场竞争力。

如果按并购双方的意愿分类，并购可分为善意并购和恶意并购。

善意并购是指并购双方在友好协商的基础上达成协议。这种并购通常是在双方同意的情况下进行的，目标公司的管理层和股东都支持并购交易。

通常，善意并购的过程相对顺利，因为双方都有意愿合作，会共同促进企业的发展。这种并购方式有助于减少企业内部的抵触情绪和文化冲突，实现更为平稳的整合。

一个典型的善意并购案例是微软公司收购 LinkedIn。2016 年，微软以 262 亿美元的价格收购了 LinkedIn，这次并购得到了 LinkedIn 管理层和股东的全力支持，双方在并购后紧密合作，实现了资源共享和业务协同。

恶意并购是指并购方在未经目标公司管理层同意的情况下，直接向目标公司的股东提出收购要约，甚至采取敌对手段强行收购。恶意并购通常伴随着争议和冲突，因为目标公司的管理层可能反对并购，认为这不符合公司的最佳利益。为了实现收购目标，恶意并购方往往会采取诸如收购大量股票、发动代理权争夺战等策略。一个著名的恶意并购案例是宝洁公司与吉列公司。2005 年，宝洁公司通过一系列股票收购和代理权争夺，最终成功收购了吉列公司，尽管吉列管理层最初并不赞成这一并购。

在恶意并购中，目标公司管理层可能会采取多种防御措施，以阻止并购方的收购行动。其中，较为常见的两种策略是"毒丸计划"和"白衣骑士"。"毒丸计划"策略是通过稀释恶意收购方的持股比例来阻止其控制公司，具体做法是允许现有股东（不包括收购方）以折扣价购买更多的股票，从而大幅增加收购方的收购成本，降低其持股比例，阻止其获得控制权。而"白衣骑士"策略则是目标公司寻找一个友好的第三方公司来进行收购，这个第三方公司被称为"白衣骑士"，它通常会提出一个更有利于目标公司及其股东的收购方案，从而击退恶意收购方。

如果按并购的支付方式分类，并购可以分为现金购买式并购、股份交易式并购、综合证券并购和杠杆收购。

现金购买式并购是指并购方以现金支付的方式购买目标公司的资产或股权。这种方式的优点是交易过程简单明确，可以迅速完成并购，从而降低交易的不确定性。例如，科技巨头苹果公司在收购以色列公司 Anobit 时就采用了现金支付的方式，以获得 Anobit 的闪存技术。现金购买式并购的缺点在于需要大量的流动资金，因此，对于并购方的资金实力要求较高。

股份交易式并购，是指并购方通过发行自己的股票或使用现有股票作为支付手段来购买目标公司的资产或股权。这种方式有助于并购方节省现金流，同时也能让目标公司股东在合并后的新公司中持有股份，继续分享未来的增长收益。2000 年，时代华纳和美国在线通过股份交换的方式进行合并，然而这次并购非但没有实现预期的协同效应，反而导致了巨额亏损。

综合证券并购，则是结合现金、股票、债券等多种支付方式进行的并购，其灵活性较高，可以根据双方的具体需求和条件进行调整，以达到最佳的交易效果。例如，迪士尼公司在收购 21 世纪福克斯时就采用了综合支付方式，包括现金和股票，通过此次收购，迪士尼获得了大量的影视资产和知识产权。

杠杆收购（LBO）是通过大量借款来资助并购的方式。并购方通常会利用目标公司的资产作为抵押，筹集所需的资金，并在并购完成后用目标公司的现金流来偿还债务。这种方式允许并购方以较少的自有资金控制较大的资产，但也增加了财务风险。

一个典型的杠杆收购案例是 CVC Capital Partners 收购俏江南。2015 年，CVC 以 70 亿元的价格收购了俏江南 80% 的股份，并提供了 7000 万元的贷款，以帮助缓解其资金压力。CVC 利用大量借款和目标公司的资产完成了收购，并计划通过俏江南未来的现金流来偿还这笔巨额债务。

还有一些并购的分类标准可以根据地理范围、法律形式、并购目的、整合程度、时间框架和经济性质等多个维度进行。这些分类标准有助于人们从不同角度更全面地理解并购的性质。

按并购的地理范围分类，可以分为国内并购和跨国并购。国内并购是指并购双方均在同一国家内进行的并购活动，这种并购通常涉及较少的法律和文化差异，因此操作相对简单。跨国并购则是指并购双方位于不同国家，涉及国际市场和跨国经营，其并购不仅需要处理复杂的法律和监管问题，还需要克服文化和语言障碍。

按并购的法律形式分类，并购可以分为吸收合并、新设合并和逆向并购（买壳上市）。吸收合并是指一个公司吸收其他公司，被吸收的公司解散，而吸收公司的法人地位得以保留。新设合并则是两个或两个以上的公司合并设立一个新的公司，合并各方解散，形成一个新的法律实体。逆向并购，俗称"买壳上市"，是指一家私人公司通过并购一家已上市的壳公司，从而实现间接上市的目的。这种方式在中国股票市场上多有发生，特别是在资本市场监管严格和直接上市门槛高的情况下，不仅可以绕过烦琐的上市审核流程，迅速进入资本市场，还能通过控制壳公司获取上市公司资源。一个典型的案例是顺丰控股借壳鼎泰新材（002352）上市。鼎泰新材是一家主营业务为金属制品制造的公司，由于其盈利能力较弱，顺丰通过重大资产置换和发行股份购买资产，获得了鼎泰新材的壳资源，成功实现上市，如今002352的名称已经更改为"顺丰控股"。

按并购的目的分类，可以分为战略并购和财务并购。战略并购是指并购方为了获得长期战略利益，如技术、专利、市场份额或品牌等，而进行的并购。财务并购则主要是为了获取财务收益，通过并购获取目标公司的资产、现金流或其他财务资源，以实现投资回报。

按并购的整合程度分类，可以分为完全整合、部分整合和保持独立。完全整合是指并购后，双方企业完全整合成一个新的实体，在业务、文化等方面实现全面融合。部分整合是指并购后，双方企业在某些业务或职能上整合，但仍保留各自的一部分独立性。保持独立则是并购后，双方企业仍然保持独立运营，只在资本和战略上有联系。

按并购的时间框架分类，可以分为快速并购和慢速并购。快速并购是在较短时间内完成的并购，通常在几个月内，这种并购节奏快、效率高。慢速并购则是并购过程较为缓慢的并购，可能持续一年或更长时间，通常涉及更复杂的谈判和整合过程。

按并购的经济性质分类，可以分为成长型并购和防御型并购。成长型并购是为了迅速扩大企业规模，实现快速增长，即通过并购进入新市场或增加产品线。防御型并购则是为了防止被其他企业收购或控制市场风险，即通过并购增强自身的市场地位和竞争力。

尽管并购的分类标准有很多，但最重要的还是按照所处行业、并购意愿和支付方式的分类，这三种分类标准在并购实践中最为常用，因此，对理解并购行为和制定并购策略具有重要意义。

并购的历史与发展

企业并购的历史可以追溯到19世纪的欧洲，当时英国经历了一些重要的并购活动，如铁路公司和银行的合并。之后，美国在19世纪末至20世纪初开始引领现代大规模并购浪潮，先后共经历过六次并购浪潮，从19世纪一直延续到21世纪。

并购潮通常发生在经济高速增长、利率较低或正在下调，以及股票市场上升的阶段。从历史上看，每一次并购潮都有其独特的发展特点。这些特点可能包括新技术的出现、特定行业的繁荣（如铁路、石油或金融服务）、监管环境的宽松程度，以及不同的交易类型，如横向并购、纵向并购、企业集团并购、战略并购、金融并购、不良资产收购等。

六次并购浪潮不仅对美国企业的发展产生了深远影响，也对全球企业并购的模式和趋势起到了示范作用。欧洲的并购活动在20世纪后期显著增加，特别是在欧盟市场统一之后，市场整合和跨国并购活动频繁。受美国并购潮跨境收购的影响，欧洲并购潮相较美国略有延迟。

日本的并购活动在泡沫经济时期（1980年后）达到高峰，但在泡沫破裂后有所减少。而中国的并购历史相对滞后，并购活动在21世纪初才开始活跃，并随着国内企业走向国际化而形成浪潮。

本节中，我们主要聚焦美国和中国的并购历史与发展。

从19世纪90年代晚期开始，美国的并购活动基本上可以分为六次持续多年的浪潮。这些并购潮通常是企业为了应对各种行业冲击而发生的，驱动因素包括去监管化、新技术的出现、分销渠道的变革、替代品的威胁、商品价格的持续上涨、市场竞争加剧、经济全球化以及资本市场的变化等。这类事件经常导致企业通过收购其他企业的一部分或全部来增强自身竞争力和市场地位。例如，在21世纪早期，计算机芯片制造商之间的整合增多，推动了芯片生产设备供应商之间的并购，以满足客户不断增长的对更复杂芯片的需求。

美国第一次并购潮发生于1897年至1904年，这一时期的并购活动主要以横向整合为主。企业之间的合并反映了提高效率的动机，当时谢尔曼反托拉斯法的执行较为宽松，使得企业能够在法律压力较小的情况下进行大规模的并购活动。技术的迁移和变革也推动了这一进程，例如，钢铁和铁路等行业的技术进步，使得大规模生产和运输成为可能。

这一时期的并购主要发生在竞争对手之间，导致基础金属、交通和采矿业的集中度被不断提高。例如，安德鲁·卡内基的卡内基钢铁公司在此期间通过一系列的并购和整合，最终与J.P.摩根的联邦钢铁公司合并，形成了美国钢铁公司（U.S. Steel），这是当时世界上最大的钢铁企业。这种通过并购形成的垄断企业在提高生产效率、降低成本的同时，也增强了其市场控制力。

然而，金融舞弊现象在这一时期也相当普遍。投资银行和金融家们通过复杂的金融操作推动并购，很多交易存在操纵股价和财务欺诈的行为。1904年的股市崩溃标志着这一繁荣期的终结，股市的剧烈动荡导致许多企业破产，也使公众对金融市场的信心大幅下降。这次崩溃暴露了金融系统中的诸多问题，促使政府加强了对金融市场的监管。尽管如此，这段时期的并购浪潮仍然为美国工业化进程和企业规模化发展奠定了基础。

美国第二次并购潮发生于1916年至1929年，这段时间的并购活动是美国卷入第一次世界大战和战后经济复兴带来的结果。第一次世界大战期间，战争需求推动了工业生产的大幅增长，企业纷纷扩展产能，以满足军需和战后重建的需要。并购活动也因此加速，企业通过横向并购进一步提高了行业的集中度。

在这一时期，许多大公司通过并购竞争对手来扩大市场份额和增强市场控制力，如杜邦公司在这段时间内就通过一系列并购扩大了其在化学品和炸药市场的份额。汽车行业也经历了类似的整合过程，通用汽车公司在此期间并购了多家汽车制造商和零部件供应商，从而进一步巩固了其在行业中的领先地位。

然而，随着1920年后经济泡沫的积聚，金融市场变得越来越不稳定。1929年股市的崩溃标志着这一并购浪潮的终结。股市崩溃导致了大萧条的到来，许多企业陷入困境，之前通过并购形成的大型企业也未能幸免。与此同时，克莱顿法案的通过进一步收紧了反垄断法规，加强了对垄断行为的监管，试图限制企业通过并购来操纵市场的行为。

美国第三次并购潮发生于1965年至1969年，这一时期被称为集团企业时代。当时，高市盈率的企业认识到，与其通过再投资来提高每股收益，不如通过并购低市盈率、高收益增长率的企业来实现这一目标。这样做的效果是，合并后的企业股价得以提升，合并公司的股票市盈率不低于收购方在交易前的市盈率。这种策略创造了所谓的"金字塔效应"，标的企业需要展示出足够吸引人的收益增长率，以便说服投资者给予合并公司更高的价格倍数。

在这一时期，许多高市盈率的公司积极寻找低市盈率但有高成长潜力的企业进行并购，如国际电话电报公司（ITT）就通过一系列并购迅速扩大了业务范围，进入了多个不同的行业，形成了一个庞大的企业集团，其并购策略是典型的"金字塔效应"模式。

然而，随着集团企业的广泛收购，高成长和较低市盈率的公司数量逐渐减少，市场上可供并购的优质标的变得稀缺。为了继续维持增长，这些集团企业不得不支付越来越高的价格收购标的企业，这进一步增加了他们的财务压力。此外，许多集团企业为了进行并购，采用了高杠杆率的融资方式，这使他们的财务状况变得更加脆弱。

最终，这种依赖并购增长的策略无法持续。随着市场对集团企业的信心下降，投资者开始质疑这些企业的真实盈利能力和财务健康状况。加上经济环境的变化和市场调整，许多集团企业的股票价格开始出现大幅下跌，导致"金字塔"崩塌。集团企业的崩溃不仅对这些企业本身造成了严重打击，也对整个市场产生了深远影响，促使企业和投资者重新评估并购策略和财务管理的可持续性。

美国第四次并购潮发生于 1981 年至 1989 年，这一时期被称为收缩时代。20 世纪 80 年代，许多大型集团企业被所谓的"企业掠夺者"通过恶意收购和杠杆收购而导致分崩离析。并购过程中，企业掠夺者通过借贷大量资金来收购公司，然后用被收购公司的资产作为贷款抵押。

这一时期比较著名的案例之一是 Kohlberg Kravis Roberts & Co (KKR) 对

RJR Nabisco 的杠杆收购，这笔交易在当时创下了收购金额的最高纪录。这种高杠杆率的并购方式往往会导致被收购公司的资产负债表承受巨大压力，从而让很多企业不得不进行资产剥离和重组，以偿还巨额债务。随着这些不相关业务的剥离，许多在 20 世纪六七十年代早期所做的集团化并购开始被逆转，企业重新聚焦于核心业务。

与此同时，美国公司被国外企业收购的数量和金额第一次超过了美国企业对国外企业的并购。国外买家受到美国市场规模、并购限制较少、先进技术和美元相对其他主要国家货币较为疲软的吸引，纷纷进军美国市场。例如，日本的索尼公司在 1989 年以 34 亿美元收购了哥伦比亚影业公司，这是当时引起广泛关注的跨国并购交易之一。

然而，到了 20 世纪 80 年代末，经济减速和杠杆收购的广受批评使得许多企业破产，并购活动也因此减少。杠杆收购带来的高风险和高债务水平使得不少企业难以维持运营，最终陷入困境。

美国第五次并购浪潮发生于 1992 年至 1999 年，这一时期被称为战略大并购时代。美国历史上持续时间最久的经济扩张和股市繁荣，是由信息技术革命、持续弱化监管、降低贸易壁垒和全球私有化共同推动形成的。信息技术革命在这个过程中的作用尤其显著，计算机和互联网技术的迅猛发展改变了许多行业的商业模式和竞争格局，推动了大量与科技相关的并购活动。

这一时期，并购交易的数量和金额持续创出历史新高，比如 1998 年，美国电话电报公司（AT&T）以 480 亿美元收购了电信公司 TCI。同年，美国在线（AOL）宣布以 1640 亿美元收购时代华纳。除了科技和电信行业，银行和金融服务业也经历了大规模的并购浪潮。花旗银行与旅行者集团的合并，以及美国银行与美洲银行的合并，都是为了应对全球化和放松管制带来的竞争压力，以求通过合并来扩大规模和市场份额。

这段时期的并购活动还扩展到了国际市场，如福特汽车公司收购瑞典的沃尔沃汽车。随着全球贸易壁垒的降低和私有化浪潮的推动，跨国并购活动不断增加。

然而，到20世纪90年代末，随着经济开始剧烈收缩，互联网泡沫突然破裂，美国和全球经济增长减速。2001年的经济衰退导致并购活动大幅减少，许多企业因互联网泡沫破裂而遭受巨大损失。

美国第六次并购浪潮发生于2003年至2008年，被称为杠杆的复活时期。这段时间，美国金融市场充斥着高杠杆率的并购交易和复杂的金融工具，尤其在2005年至2007年达到了高潮。这些并购交易的融资以及抵押贷款支持证券的发行，大多数以银团债券的形式进行，即承销商先购买债券再转卖给公众投资者。

放贷人为了提高放贷规模和获取更多费用收入，有动机接受更具风险的贷款。这种做法与超低的利率环境相结合，大幅低估了风险价格。全球富余的流动性和高度放任的货币政策进一步助长了过度放贷的行为，鼓励收购方向标的企业支付过高的对价。例如，在2007年，私募股权公司黑石集团以260亿美元收购希尔顿酒店，就是一笔典型的高杠杆并购交易。这种高风险的贷款被打包成各种抵押债券，卖给投资者，贷款发起人因将贷款转售而减少了对贷款质量的监控。这种金融操作方式虽然能在短期内推动并购活动的繁荣，但也埋下了巨大的风险隐患。

随着2008年金融危机的爆发，这种风险积聚的后果逐渐显现。银行在大量资产冲销后试图重建其资本基础，信用市场的紧缩严重影响了私募股权和对冲基金为新交易或现有交易再融资的能力。企业融资能力也受到了限制，导致并购活动骤减。2008年欧洲主权债务危机和不断上涨的油价加剧了全球经济的下行压力，进一步恶化了市场环境，直到2012年经济才开始缓慢复苏。

中国的并购历史可以追溯到新中国成立后的计划经济时期，但真正的市场化并购历史较短，几乎与资本市场的发展同步。1993年，第一起并购案例"宝延风波"诞生，股权分置改革后，大规模的并购交易开始出现，并在2012年之后逐渐形成并购浪潮。总体上，我国企业现阶段的并购浪潮更像美国数次并购浪潮的综合。

1993年，深圳宝安集团通过证券交易市场收购上海延中实业，开创了中国上市公司市场化并购的先河。此后，中国企业并购活动开始逐步增多，标志着中国经济从计划经济向市场经济的重大转型。

20世纪90年代初，中国正处于经济体制改革的关键时期，股份制改革和企业上市成为推动并购的主要力量。1993年，《中华人民共和国公司法》的颁布为企业并购提供了法律基础，许多国有大中型企业纷纷通过整体改组、部分合并和控股等方式进行并购重组，以达到上市条件。1998年，辽宁盼盼集团开了中国要约收购的先河，从而进一步推动了并购市场的发展。

随着并购活动的增多，法律法规的缺失和监管不力逐渐暴露出问题。为此，2001年，中国政府颁布了《上市公司收购管理办法》，规范并购市场行为，提高上市公司并购的效率和质量。2005年，股权分置改革启动，国有股上市流通为国企改革打开了新的空间，并推动了并购重组的深入发展。在这一时期，管理层收购成为热点，许多国有中小企业利用管理层收购实现了改制，尽管2003年因担忧国有资产流失问题而被暂停，但其影响深远。

21世纪初，中国并购市场逐渐趋向规范化。2008年国际金融危机爆发，发达国家股价大幅下跌，人民币升值为中国企业"走出去"进行跨国并购创造了有利条件。中化集团、中石油、中石化等大型央企纷纷进行跨国并购，拓展业务版图。2010年，吉利集团成功收购沃尔沃，标志着中国民营企业跨国并购达到了一个新的高度。

  2012年，中国并购市场已形成了较为完善的法律框架和市场机制。通过并购，中国企业不仅优化了资源配置，提升了竞争力，还积极参与国际市场竞争，提升了在全球市场的影响力。这一时期的并购浪潮伴随着中国经济的快速发展和企业的成长壮大，还为2012年之后的混合所有制改革和"一带一路"倡议下的跨国并购奠定了坚实基础，使中国企业在全球市场的布局和影响力得到了进一步提升。

第二章　为什么要并购

实现规模扩张与经营协同

2016年，跨国科技巨头戴尔（Dell）宣布以670亿美元收购数据存储公司EMC。并购前，戴尔主要以生产和销售个人电脑和服务器为主，而EMC则在数据存储和信息管理领域占据领先地位。

戴尔并购EMC的主要动机，是希望通过整合两家公司的资源和技术，来实现经营协同，从而扩大其在企业级IT解决方案市场的份额，并提升在云计算和数据存储领域的竞争力。

这次并购是横向并购，戴尔和EMC都是在IT和技术领域内的公司，尽管它们专注于不同的细分市场，但两家公司的业务有着很强的关联性。通过收购EMC，戴尔获得了先进的数据存储技术，从而能够更全面地覆盖IT解决方案市场，并借助EMC在企业级客户中的强大影响力，推动自身业务的多元化和全球扩张，实现了更大的市场整合。

企业并购成功的关键之一在于实现经营协同，即通过整合企业内部或外部的资源和能力，实现整体效益的最大化，从而超过各部分单独运作时的效果，也就是实现"1+1＞2"。协同效应可以体现在多个方面，如提高运营效率、增加竞争力、实现成本节约、资源共享和提升创新能力，从而实现规模扩张和绩效提升。

经营协同在提高运营效率方面，以前面的并购案为例，戴尔和 EMC 并购后，通过优化资源配置，减少了重复的职能部门，显著提高了运营效率。戴尔整合了两家公司在生产、销售和服务方面的业务流程，消除了冗余，提高了生产和服务的效率。戴尔还整合了 EMC 的数据存储技术和自己的服务器技术，形成了更加全面的 IT 解决方案，从而提高了客户满意度和市场反应速度。

在增加竞争力方面，通过并购，戴尔和 EMC 在技术和市场资源上实现了优势互补，戴尔借助 EMC 在数据存储领域的技术优势，推出了更具竞争力的产品和服务，赢得了更多企业级客户。在市场表现上，戴尔通过整合后的产品线和服务网络，成功进入了更多的市场领域，扩大了市场份额，巩固了其在全球 IT 解决方案市场的地位。

在实现成本节约方面，并购后的戴尔整合了供应链和共享资源，在全球范围内整合了物流和仓储系统，统一了采购和生产管理，降低了采购成本和生产成本，实现了显著的成本节约，减少了运营成本，节省下来的资金被用于市场营销、研发投入和业务拓展，从而进一步支持了公司的扩张战略。

在资源共享方面，戴尔和 EMC 在并购后实现了包括技术、市场渠道和客户基础等广泛的资源共享。戴尔通过共享 EMC 在数据存储领域的技术和客户资源，迅速提升了自身在企业级市场的影响力。戴尔还利用 EMC 的市场渠道，成功拓展了全球市场，提升了品牌知名度和市场覆盖率。

在创新能力提升方面，并购后，戴尔和 EMC 在研发和创新方面实现了强强联合，两家公司整合了研发团队和技术资源，推出了更多具有市场竞争力的创新产品和服务。通过并购带来的技术和创新优势，使戴尔在云计算、数据存储和信息管理等领域取得了显著突破，这就为公司的持续扩张提供了强大的技术支持。

横向并购通常更容易实现协同效应，这主要是因为横向并购涉及的是在相同或相似业务领域的公司合并，这些公司的业务模式、市场、客户基础和技术有较高的重叠度。这种重叠有助于资源整合和优化，提高运营效率。由于两家公司在相似的市场中运营，横向并购能够有效地消除重复的职能部门和业务流程，如营销、销售、物流和生产，从而显著降低运营成本，提高整体效率。

美团与大众点评在2015年的合并，就是一个成功的横向并购案例。两家公司原本都在团购和本地生活服务领域竞争，通过合并，两家公司整合了各自的资源和技术，优化了运营流程，减少了市场上的恶性竞争，提高了市场占有率。

合并后的公司可以共享客户资源，提供更全面的产品和服务，从而提高客户满意度和忠诚度。比如，一家公司拥有强大的B2B客户基础，另一家公司在B2C市场上表现突出，合并后就可以更好地服务于这两类客户。

一个典型的案例是2016年8月1日滴滴出行与优步中国的合并。滴滴收购了优步中国的品牌、业务、数据等全部资产，并且与优步全球相互持股。优步全球持有滴滴5.89%的股权，相当于17.7%的经济权益，而优步中国的其余中国股东则获得合计2.3%的经济权益。此外，两家公司的创始人也互相加入了对方的董事会。通过这次合并，滴滴利用优步的技术和全球资源，进一步提升了服务质量和用户体验。

横向并购还可以实现技术和知识的共享与融合，加快创新速度。如果两家公司在研发上存在优势互补，可以更快推出新产品，满足市场需求。例如，在生物制药领域，辉瑞公司与惠氏的合并，使两家公司在研发上的优势得以结合，加速了新药的开发和上市。

此外，横向并购还能够直接增加公司的市场份额，减少市场竞争对手,不仅能提高市场地位,还能增强定价能力和市场影响力。通过扩大生产和销售规模,横向并购能够实现规模经济。世界并购历史上的横向并购几乎都增加了市场份额。例如,在美国第一次并购潮期间(1897—1904年),众多行业内的公司通过横向并购迅速扩大了市场份额。钢铁、石油、铁路等行业中的企业通过合并,消除了大量竞争对手,增强了市场主导地位。

提升竞争力与市场支配力

企业并购的主要目标之一是提升竞争力与市场支配力。对于这方面,横向并购、纵向并购和混合并购都能实现,但各有侧重。

横向并购无疑是最直接有效的方式。通过并购竞争对手,企业能迅速扩大市场份额,减少市场上的竞争者,这不仅可以增强对市场的控制力,还能带来规模经济效应,如共享资源和减少重复管理的成本。例如,Facebook 在 2012 年以 10 亿美元收购了 Instagram,通过这一横向并购,Facebook 不仅消除了一个强大的竞争对手,还扩大了其在社交媒体领域的市场份额。整合后的公司能够共享技术和用户数据,优化广告投放,从而提高了整体运营效率。

此外,横向并购能够显著提升企业的议价能力。市场份额扩大后,企业在与供应商和客户谈判时会更具优势,甚至可以对市场价格产生影响。百威英博(Anheuser-Busch InBev)在 2016 年完成对南非米勒(SABMiller)的并购后,成了全球最大的啤酒生产商。这一举措不仅大幅提升了其市场份额,还使其在全球啤酒市场的定价权和议价能力大大增强,能够实现更大规模的采购,从而降低原材料成本,同时也能更有效地控制销售渠道和定价策略。

纵向并购则通过优化供应链来提升竞争力。比如，通过控制上游供应商或下游分销渠道，企业可以稳定供应链，减少成本波动，确保原材料的稳定供应和质量一致，从而提高产品的整体竞争力。华为在这一方面的举措包括收购多家芯片制造商和技术公司，以增强其在供应链上的控制力，减少对外部供应商的依赖。

2019年，华为成立了全资子公司哈勃科技创业投资有限公司，专注于半导体领域的投资，其方法并不是直接收购现成的大型半导体公司，而是通过投资的方式，间接掌控了一些核心技术供应链上的关键公司。哈勃科技投资了多家半导体材料和设备公司，这些公司的技术和产品对华为的芯片研发和生产至关重要，特别是在全球科技和贸易环境日益复杂的情况下，这些投资增强了华为对半导体上游供应链的控制，确保了关键材料和设备的供应安全，显著减少了对外部供应商的依赖。在美国对华为实施芯片禁运的背景下，华为通过这些投资确保了部分关键组件的自主供应，从而在一定程度上抵消了外部供应链中断的风险。通过增强对供应链的控制，华为提高了产品的整体质量和竞争力，能够更好地控制芯片的设计和生产过程，从而开发出更符合自身产品需求的高性能处理器。这些处理器在智能手机、平板电脑和通信设备中的应用，使华为的产品在市场上具有更强的竞争力。

此外，纵向并购还能显著实现成本节约，减少中间环节意味着降低了中间商的加价和交易成本。例如，沃尔玛通过并购物流公司，整合供应链，直接控制了运输和配送环节。这种策略不仅降低了物流成本，还提高了配送效率，使沃尔玛能够以更具竞争力的价格向消费者提供产品。

另一个案例是特斯拉收购SolarCity，这不仅帮助特斯拉掌控了太阳能电池板的供应链，还促进了其能源产品的整合，从而进一步提升了其整体业务的协同性和市场竞争力。特斯拉在2016年以26亿美元收购了SolarCity，使其能够将电动汽车、电池存储和太阳能产品整合在一起，从而提供完整的能源解决方案，做到更好地控制太阳能电池板的生产过程，确保其产品质量。同时，通过优化供应链降低生产成本，使特斯拉能够从生产到销售实现全方位的质量控制和成本管理，从而增强其在新能源市场的竞争力。

混合并购在提升竞争力和市场支配力方面的作用更多在于多元化和资源互补。并购能使企业进入新的业务领域，并可以降低单一市场的风险，提高企业的抗风险能力。2014年，联想收购了IBM的低端服务器业务和摩托罗拉移动业务，实现了多元化拓展，使联想不仅在原有的PC市场上继续保持领先，还进入了服务器和智能手机市场，从而降低了对单一市场波动的依赖，提高了整体抗风险能力。

混合并购借助并购所获取的资源和能力，让企业能够有效地填补自身的短板，达成协同效应。其中一个具有代表性的范例当数阿里巴巴集团对银泰商业集团的收购。

银泰商业集团作为一家在国内颇具影响力的传统零售企业，拥有众多优质的线下门店资源以及丰富的实体零售运营经验。阿里巴巴通过此次并购，巧妙地将其强大的电商平台与银泰丰富的线下零售资源相融合。一方面，阿里巴巴利用其技术优势和大数据能力，为银泰的线下门店提供了数字化的运营支持，包括精准的营销推广、智能化的库存管理等；另一方面，银泰的线下门店为阿里巴巴的线上业务提供了实体展示和体验的场所，增强了消费者的信任感和购物体验。这种线上线下的深度协同，不仅显著扩展了阿里巴巴的零售业务范畴，使其涵盖了更广泛的消费场景和客户群体，还极大地增强了其在蓬勃发展的新零售领域的竞争力。

通过积极拓宽全新的市场领域，混合并购能够显著增强企业的市场影响力。2015年，美的集团展开了一项具有重大战略意义的收购行动，将德国著名的机器人公司库卡（KUKA）纳入麾下，从而正式进军充满潜力的机器人和自动化领域。库卡作为全球领先的机器人制造企业，拥有卓越的技术研发实力、丰富的产品线以及广泛的市场份额。美的此次收购，不仅意味着在家电这一传统核心业务之外，成功涉足了一个前沿的高科技产业领域，更是为美的带来了诸多关键优势。一方面，美的得以借助库卡先进的机器人技术，对自身的生产制造环节进行智能化升级，大幅提高了生产效率和产品质量，降低了生产成本；另一方面，库卡在全球工业机器人市场的良好声誉和广泛客户基础，也为美的打开了国际市场的大门，使其能够在全球范围内更有力地推广自身的机器人及自动化解决方案，从而大大提高了美的在全球市场的影响力和技术水平。

虽然横向、纵向和混合这三种并购方式都能够助力企业提升竞争力和增强市场支配力，但是它们各自的作用机制和效果呈现存在一定差异。

横向并购的效果往往最为直接和显著，这是因为横向并购主要是企业在同一行业或相似业务领域内对竞争对手的整合，企业通过横向并购能够更直接地迅速扩大市场份额，实现规模经济，降低单位生产成本，增强对市场的定价权和控制权。

相比之下，纵向并购和混合并购更多的是通过间接的途径来达成提升竞争力和市场支配力的目标。纵向并购侧重于沿着产业链上下游进行整合，以加强对产业链的控制，优化生产流程，降低交易成本，但这种效果的显现通常需要一定的时间来整合资源和优化流程。而混合并购则是企业进入全新的业务领域或与现有业务具有一定差异的领域，通过多元化经营来分散风险和寻找新的增长点，但其在新领域的发展和整合会面临更多的挑战和不确定性，需要较长时间来实现协同效应和提升整体竞争力。

获取资源与技术

获取资源与技术是企业并购中的一个重要动机。这一动机基于许多重要的原因，企业通过并购可以迅速获得先进技术和研发能力，而不是通过内部研发逐步积累。比如，谷歌在 2014 年并购了英国的 DeepMind 公司，获得了其先进的人工智能和机器学习技术。DeepMind 以其开发的 AlphaGo 而闻名，这款围棋程序在 2016 年击败了世界冠军李世石。通过这一并购，谷歌不仅迅速增强了其在人工智能领域的技术实力，还通过 DeepMind 的技术应用推动了其搜索引擎、广告系统和其他产品的智能化发展。另一个案例是腾讯通过并购猎豹移动来获取资源与技术。猎豹移动在人工智能和大数据领域有着深厚积淀，其产品在全球范围内拥有大量用户。通过这一并购，腾讯不仅获得了猎豹的技术和专利，还吸纳了其经验丰富的研发团队。

获取资源与技术这一并购动机还涵盖了对专利和知识产权的获取。许多企业都会借助并购的方式来获取目标企业的专利及知识产权，此类专利和知识产权能够阻挡竞争对手涉足同一领域，从而保障企业自身的市场地位。比如，苹果公司通过并购 Beats，获得了其丰富的音频技术专利。小米公司通过并购紫米电子，获取了其在电池技术方面的专利和知识产权，从而增强了小米在电池续航和快充领域的技术实力。

并购还能够助力企业整合研发资源，提高研发效率。以制药行业为例，众多大型药企会通过并购小型生物科技公司，来获取其研发管线和专业技术，以加快新药的开发进程。例如，辉瑞公司并购 Wyeth 后，成功整合了双方的研发团队和资源，极大地增强了其新药研发能力。再如，复星医药通过并购桂林南药，整合了双方在抗感染药物领域的研发资源，大幅提高了研发效率，加速了新型抗感染药物的开发进程。

在并购过程中，目标企业往往拥有经验丰富的研发团队和技术专家，通过并购，企业可以将这些人才纳入旗下，增强自身的技术力量。例如，Facebook通过并购Oculus VR，不仅获得了虚拟现实技术，还吸纳了Oculus的专业技术团队，从而推动了其在虚拟现实领域的发展。

协同效应是并购追求的重要目标之一，包括经营协同、财务协同等。通过并购获取资源与技术，可以实现技术协同效应。企业将双方的技术优势结合起来，产生协同效应，可以提升技术创新的效果。例如，IBM并购Red Hat，通过将IBM的硬件和云计算技术与Red Hat的开源软件技术结合，创建了一个更为强大的云计算平台，从而显著提升了整体竞争力。

并购还可以帮助企业迅速进入新兴技术领域，避免在新技术研发上耗费大量时间和资源。微软通过并购LinkedIn，进入了社交媒体和职业网络领域，获取了大量的数据资源和用户基础，从而进一步增强了其在企业服务和人工智能领域的技术储备。

本节所说的获取资源，主要是指在并购过程中企业可以获得的与技术相关的资源，如获取目标公司的知识产权，包括专利、商标和版权，这些知识产权涉及核心技术、创新产品和工艺流程。此外，企业还可以吸纳目标公司的研发团队，包括有经验的科学家、工程师和技术专家。

并购还可以让企业获得先进的技术设备和设施，如高端实验设备、制造设备和测试设施，这些资源能够支持和提升企业的研发活动。目标公司正在进行的研发项目和创新技术也可以加速企业的技术开发进程，同时已完成或正在开发的技术储备可能包含即将上市的新产品或新技术。

通过并购，企业还可以继承目标公司的技术平台和软件，包括各种研发工具、管理软件和分析工具，这些都能够提高研发效率和质量。研究数据和技术文档也是重要的资源，它们可以为企业的研发和市场策略提供宝贵的支持。

企业通过并购还可以获得目标公司的合作网络，包括与高校和研究机构的学术合作关系，以及各种行业联盟和技术合作伙伴关系。这些合作网络为企业的研发能力提供了更多的资源和支持。此外，企业还能够获得目标公司的市场渠道和客户资源，为其开发新技术和推广新产品提供助力。

通过并购获取的这些与技术相关的资源，能够全面提升企业的技术创新能力和市场竞争力。

做大市值与多元化

企业通过并购可以实现多个战略目标，其中做大市值与多元化是两个比较重要的目标。

2012 年，Facebook 以 10 亿美元收购了 Instagram，这是一项典型的通过并购实现做大市值和多元化战略的交易，这次收购直接增加了 Facebook 的收入来源。通过收购具有高增长潜力的公司，母公司能够迅速获取新的收入流，这是收购方常用的策略之一。收购 Instagram 后，Facebook 利用其广泛的用户基础和强大的广告潜力，显著提升了公司的整体收入。

事实上，这次收购大大提升了 Facebook 的市值。Instagram 的用户数量从 2012 年的约 3000 万增长至 2023 年的超过 20 亿，使得 Facebook 的用户基础和广告营收大幅增加。凭借 Instagram 的快速发展，Facebook 在市值上获得了显著增长。此外，收购 Instagram 也帮助 Facebook 实现了业务多元化的目标。Instagram 在功能和用户群体上与 Facebook 主平台有所不同，更多的是吸引年轻用户和品牌广告主。收购不仅使 Facebook 扩展了其产品线，还分散了业务风险，减少了对单一平台的依赖。

在增加收入来源之外，并购还能通过提高市场份额和实现协同效应来达到做大市值的目标。通过并购，企业可以迅速扩展市场份额，收购竞争对手或补充性业务，可以有效减少市场竞争，提高产品或服务的定价能力，从而提升企业市值。

2018 年，美团以 27 亿美元收购了摩拜单车，这是一个通过并购实现做大市值和提高市场份额的典型案例，收购完成后美团不仅迅速进入了共享单车市场，还减少了市场上的竞争对手。并购使美团能够提供更多元化的服务，从外卖、打车到共享单车，增强了用户黏性和平台竞争力，还通过整合资源和业务，更有效地控制了成本，提高了运营效率，实现了协同效应。

通常，混合并购是企业实现多元化的主要方式之一。因为混合并购是收购与自身业务不直接相关的企业，这就是所谓的"多元化"，它可以帮助企业进入新的行业和市场，扩宽业务领域，分散经营风险。此外，混合并购还能带来新的技术、资源和市场渠道，为企业提供更多的增长机会和竞争优势，这是更深层次的多元化内涵。因此，与其他并购方式相比，混合并购在实现业务多元化、增强市场适应性和提高整体抗风险能力方面具有独特的优势。

除了混合并购之外，横向并购和纵向并购也可以帮助企业实现多元化的目标。

横向并购通过收购竞争对手或行业内的相关企业，可以扩展产品线或服务范围，使企业在现有市场基础上引入新的产品或服务，满足不同的客户需求，以实现多元化。比如，在 2014 年，百度收购了团购网站糯米网。这次收购帮助百度扩展了其在 O2O（线上到线下）服务市场的业务，实现了从搜索引擎到本地生活服务的多元化布局。

纵向并购使企业可以控制供应链的更多环节，从而实现业务的多元化和整合。一个典型的案例就是亚马逊收购全食超市（Whole Foods Market）。2017 年，亚马逊以 137 亿美元收购了全食超市，从而使亚马逊进入了线下食品零售市场，实现了从线上电商到线下零售的多元化，还增强了亚马逊的物流和配送能力，使其能够更好地控制食品供应链。

分散风险、财务协同与管理主义

企业并购的重要原因还包括分散风险、财务协同和管理问题。

在分散风险方面，并购能够使企业达成业务、市场、供应链等各个层面的多元化，以及技术和资源的相互补充，从而分散风险。

首先是业务多元化达成的风险分散。通过并购，企业能够进入全新的行业或者拓展自身产品线，以此可以降低对单一业务的依赖程度。例如，一家主要经营家电的公司，倘若通过并购顺利进入新能源领域，那么即便家电市场出现波动，它依然能够凭借新能源业务来维持稳定的收入。一个典型的案例是 2014 年联想收购摩托罗拉移动和 IBM 的低端服务器业务。联想作为全球知名的 PC 制造商，在当时面临着 PC 市场逐渐饱和以及竞争日益激烈的局面。摩托罗拉移动在智能手机领域拥有一定的技术积累和品牌影响力，而 IBM 的低端服务器业务则能为联想在服务器市场提供技术和客户资源。

通过收购摩托罗拉移动，联想获得了其品牌、专利和研发团队，从而加速了其在智能手机市场的布局。同时，对 IBM 低端服务器业务的收购，使联想得以进入企业级服务器市场，这就拓宽了其业务领域。一系列的并购举措让联想成功进入了智能手机和服务器市场，实现了业务多元化，显著降低了对PC业务的过度依赖，从而增强了其应对市场风险的能力。

通过并购，企业可以进入新的地理市场，减少对单一市场的依赖。比如，一家主要在国内销售的公司，通过并购进入国际市场，可以在国内市场不景气时依靠国际市场保持增长。一个典型的案例就是美的在2016年收购德国机器人公司库卡，这一并购不仅扩展了其产品线，还使其进入了欧洲市场，从而减少了对国内市场的依赖，分散了市场风险。

并购带来的技术和资源互补同样可以分散风险，因为并购往往可以使企业获得新的技术和资源，增强整体竞争力，降低经营风险。比如，技术落后的公司通过并购获得先进技术，可以提高其产品竞争力，减少因技术落后带来的市场风险。华为投资哈勃科技就是一个非常典型的案例。2019年，华为成立全资子公司哈勃科技，专注于半导体领域的投资。通过对多家半导体公司的投资，华为获取了关键的技术资源，增强了其在芯片领域的自主性和竞争力，从而降低了对外部供应商的依赖，减少了供应链风险。

通过供应链多元化达成风险的分散，因为通过并购，使得企业可以掌控供应链的不同环节，并减少对单一供应商或渠道的依赖。比如，制造商通过并购上游供应商，可以确保原材料的稳定供应，降低供应链中断的风险。典型案例之一是京东自建物流体系，通过收购和投资物流公司，在全国范围内建立了庞大的仓储和配送网络，减少了对第三方物流的依赖，提高了供应链的稳定性和效率。

并购对风险的分散，主要是通过混合并购达成的，但横向并购和纵向并购也可以在某些情况下实现类似的效果。

横向并购主要通过扩大市场份额和提高竞争力来分散风险，如迪士尼通过收购皮克斯、漫威和卢卡斯影业，丰富了其内容库，减少了对单一内容来源的依赖，从而分散了创意和市场风险。

纵向并购主要通过控制供应链的不同环节，确保关键资源和渠道的稳定性来分散风险。比如，亚马逊收购全食超市，减少了其对单一线上销售渠道的依赖，确保了其生鲜食品供应链的稳定性，从而分散了供应链风险。

财务协同，是指通过并购实现财务资源的优化配置，以降低整体资金成本，提高资本运作效率。

通过并购达到财务协同的方式有很多。首先是优化资本结构。并购后，企业可以整合双方的财务资源，优化资本结构，降低融资成本。大型企业通常比小型企业拥有更高的信用评级，可以以更低的利率获得贷款。通过并购，小企业可以利用大型企业的信用评级，降低自身的融资成本。一个典型的案例是中国海洋石油总公司（中海油）收购尼克森。2013 年，中海油以 151 亿美元收购了加拿大尼克森公司。通过这次并购，中海油不仅获得了丰富的油气资源，还利用其较高的信用评级，优化了尼克森的融资结构，从而降低了整体资金成本。

并购（尤其是横向并购）所带来的规模经济和协同效应，同样是实现财务协同的重要方式。并购后，企业规模扩大，可以通过集中采购、共享服务和资源整合，实现规模经济，降低运营成本和资本开支。例如，合并后的企业可以通过统一的财务管理系统和共享的财务团队，来减少重复的财务费用。阿里巴巴收购饿了么就是一个典型案例。2018 年，阿里巴巴全资收购了饿了么，通过整合饿了么与自身的物流、支付等系统，实现了运营效率的提升和成本的降低。

通过并购，企业还可以进行税务优化，降低税负。企业可以通过内部转移定价、利用并购对象的税务优惠政策等手段，来减少整体的税务支出。百度收购爱奇艺就是一个通过并购来进行税务优化的典型案例。收购后，百度利用爱奇艺在影视娱乐产业的税收优惠政策，优化了整体的税务结构，降低了税务成本，从而帮助百度在财务上实现了协同效应。

财务协同还表现在并购能提高融资能力方面。并购后，企业规模扩大，财务状况改善，可以吸引更多的投资者和拥有更好的融资条件。例如，企业通过并购获得更大的市场份额和更稳定的现金流，能够更容易地发行债券或进行股权融资。一个典型案例是中国化工集团收购瑞士农业化学品巨头先正达。2017年，中国化工集团以430亿美元完成了这次收购，不仅大幅提升了自身的市场份额和技术能力，还改善了财务状况，吸引了更多国际投资，并降低了融资成本。

另外，企业并购的重要原因之一是管理主义，即代理问题。

所谓管理主义，是指公司管理层的行为和决策更多地受到自身利益的驱动，而不是以股东利益最大化为目标。这种现象往往会导致代理问题，即管理层作为股东的代理人，其利益和股东的利益不一致。

管理主义使管理层有动力去通过并购提升公司规模，规模更大的公司通常具有更多的资源、更高的市场影响力和更大的战略灵活性，这可以提升管理层在业内的声望和权力。比如，在2000年，时代华纳和美国在线的并购，创建了当时全球最大的媒体和互联网公司。这次并购被广泛认为是管理层推动的，以实现更大的公司规模和影响力。然而，事后证明这次并购并没有达到预期的协同效应，甚至带来了巨大的财务损失。

管理主义的并购动机，其中一个重要方面在于提高经理人薪酬。由于公司规模的扩大通常会致使管理层薪酬上升，在薪酬结构中，较大的一部分往往与公司规模以及市场地位紧密挂钩。管理层借助并购能够提升公司的总资产与收入，进而增加自身的薪酬和奖金。一个典型的案例便是通用电气（GE）在杰克·韦尔奇任期内的一系列大规模并购，迅速扩大了GE的规模和影响力，极大地提高了韦尔奇的个人声望和薪酬水平。

管理主义和代理问题导致的并购决策可能并不总是符合股东利益，过度扩张的并购活动有时会导致公司承担过高的风险，增加债务负担，甚至导致财务困境。为了保护股东利益，这方面的问题需要通过建立有效的治理机制来确保并购决策更加透明和合理。

财务投资：实现资本增值与股东回报

2017 年，中信资本联合凯雷投资集团和中信集团，以 20.8 亿美元的价格成功收购了麦当劳在内地和香港的控股权。这一并购案在业界引起了广泛的关注，不仅因为麦当劳是全球知名的快餐品牌之一，更因为其背后的投资逻辑以及明确的财务投资目标。

中信资本是一家专注于财务投资的领先私募股权公司，其并购麦当劳中国业务的动机显然不同于传统的战略投资者，核心目标并非将麦当劳的业务整合进自身的产业链，而是通过这一财务投资，实现资本增值和投资回报。在并购后，中信资本着手对麦当劳中国业务进行全面的优化和改进，通过引入更多本土化的菜单选项，推出了符合中国消费者口味的新品类和创新产品，增加了早餐和外卖服务的覆盖范围，以更好地满足中国消费者的需求，增强品牌在中国市场的吸引力。

在供应链方面，中信资本采取了精细化管理的策略，通过与本地供应商的合作，优化供应链结构，降低成本，提高了运营效率。此外，中信资本还通过增加数字化投入，提升了麦当劳的智能点餐系统和线上业务，使得品牌在中国的市场竞争力进一步增强。

所有这些举措都是围绕财务投资这一核心目标展开的。通过提高麦当劳中国业务的盈利能力和市场估值，中信资本计划在适当时机通过公开上市或出售部分股权来实现资本增值。

当并购的目标是财务投资时，重点在于通过投资行为实现资本的增值，而不是为了直接介入和经营被收购的公司。财务投资者通常关注的是目标公司在财务表现、市场估值和未来潜力上的提升。他们通过收购股权或资产，希望通过优化管理、改进运营、降低成本等方式提升目标公司的价值。比如黑石集团，它在2007年以260亿美元收购希尔顿酒店集团后，通过优化管理和资本重组，使得希尔顿的财务表现显著提升，最终在2013年通过重新上市获得了巨大的财务回报。

财务投资者往往不会深度介入目标公司的日常运营，而是注重短期或中期内的资本回报。这种投资行为通常伴随着明确的退出策略，如在目标公司市值上升后通过公开上市、部分股权出售或并购重组等方式实现获利。比如，KKR（科尔伯格·克拉维斯·罗伯茨公司）在2011年收购了德国的医疗器械公司爱克发医疗系统，通过提高运营效率和优化业务结构，数年后成功以更高的估值出售，实现了资本增值。

财务投资的核心在于发现和释放企业的潜在价值，而非单纯的业务整合或市场扩张。这种投资方式更加强调资本效率和财务回报，投资者希望通过并购行为来实现资金的快速增值，而非将被收购的企业融入自身业务体系中。例如，高瓴资本在2017年以530亿港元收购百丽国际后，重点通过数字化转型和效率提高，成功提升了百丽的市场估值，并在适当时机部分退出，获取了可观的财务回报。

财务投资和恶意收购虽然都涉及企业并购行为，但在目的、手段和策略上存在显著的差异，同时也有一些相似之处。两者的最终目标都是通过并购行为实现资本增值。无论是财务投资者还是恶意收购者，他们都希望通过收购获得被收购企业的控制权或部分权益，从中获利。此外，财务投资和恶意收购都不以战略性收购为主要目的。收购方通常不是为了与目标公司进行业务上的整合或战略协同，而是为了在财务上获利。两者都可能在收购后进行资产剥离、重组或分拆，以提升企业的财务表现和市值。

然而，财务投资和恶意收购在收购动机、手段和管理参与度方面存在着显著区别。财务投资的动机通常是希望通过合法、公开的手段优化目标公司的管理、运营和财务结构，从而提升其价值，然后通过上市、出售等方式实现资本增值。这类投资者通常采取和平方式进行收购，如市场交易、协商或竞标，往往会与目标公司管理层达成共识。相反，恶意收购的动机通常是为了快速获取企业的控制权，有时甚至不顾现有管理层的意愿，采取强硬或敌对的方式。恶意收购者可能会绕过目标公司管理层，直接向股东发出收购要约，甚至采取"毒丸计划"或其他敌对手段来迫使目标公司屈服。

在管理参与度方面，财务投资者一般不会深度介入目标公司的日常运营，而是通过财务手段和资本运作来提升公司价值，管理参与度较低。恶意收购者则往往在收购成功后迅速介入公司管理，可能更换管理层，实施激进的改革措施，甚至拆分公司资产以达到其目的。

一个著名的恶意收购案例是 1980 年 KKR 对 RJR Nabisco 的收购。这场收购因其敌对性和激烈的争夺而闻名，虽然 KKR 最终通过巨额杠杆收购实现了对公司的控制，但也导致公司资产被剥离和债务重组。

提升品牌影响力与供应链优化

2016 年 3 月 30 日，美的集团发布公告称，已与东芝签署战略合作备忘录，将以 537 亿日元（约合 31 亿元）的价格，收购东芝白色家电业务 80.1% 的股份。美的将获得 40 年的东芝品牌全球授权及超过 5000 项与白色家电相关的专利。对于美的集团来说，此次收购东芝家电业务，是一次具有战略意义的跨国并购。这笔交易不仅仅是美的为了扩大市场份额的举措，更重要的是，它体现了美的通过提升品牌影响力来推动全球化发展的战略目标。

东芝是日本乃至全球家电行业中的知名品牌，其产品以高品质和创新著称。然而，由于市场竞争加剧和自身经营问题，东芝家电业务的表现逐渐下滑。在此背景下，美的看到了一个绝佳的机会。通过收购东芝家电，美的不仅获得了东芝的品牌商标使用权，还继承了其技术研发优势和全球销售网络。这为美的打开了通往日本和全球高端市场的大门。

美的在国内市场已经有着相当强的品牌认知度，但要在全球范围内提升品牌影响力，尤其是在高端市场，美的需要一个更为国际化和受信赖的品牌形象。东芝家电的收购正是实现这一目标的路径之一。通过将东芝品牌与美的现有的资源和技术整合，美的能够在全球市场上以更高的品牌溢价推广其产品，同时借助东芝品牌的影响力，可以提高其在发达市场中的知名度和认可度。

此次收购也标志着美的从"中国制造"向"全球品牌"转型迈出了重要一步。通过吸收东芝的品牌价值和技术积累，美的不仅在产品质量和创新能力上有了进一步的提升，更在品牌认知度和市场定位上达到了新的高度，为美的未来的全球化扩展奠定了坚实的基础。

品牌提升，是指通过整合并购对象的品牌资源，将收购方的品牌知名度、市场形象和消费者认知度提升到更高的水平。这一过程通常涉及将被收购方的品牌优势与自身的市场战略相结合，从而增强整体品牌的市场竞争力和影响力。

品牌提升的目标不仅仅是扩大品牌的知名度，更重要的是在消费者心中建立起更为强大的品牌价值。这种价值可能表现为更高的品质认知、更广泛的市场认可或更深的品牌忠诚度。在并购过程中，品牌提升通常通过吸收和整合并购对象的品牌资产、市场定位以及声誉来实现。这包括品牌名称的保留和共用、技术和创新能力的引入，甚至是市场营销策略的优化。

例如，海尔收购GE家电业务后，迅速扩大了其在北美市场的品牌影响力；联想收购摩托罗拉移动，帮助其在全球智能手机市场中赢得了更多用户的认可。同样，腾讯通过收购 Supercell，在全球移动游戏市场树立了更强的品牌形象；LVMH 收购蒂芙尼，进一步巩固了其在奢侈品市场的领导地位。耐克通过收购 Converse，成功整合了经典品牌，提高了其在运动鞋市场的整体形象。Facebook 通过收购 Instagram，不仅扩展了其社交媒体平台的影响力，还吸引了更多年轻用户。宝洁通过收购吉列，在个人护理市场中进一步强化了品牌价值。

除了品牌提升之外，供应链的整合与优化也是企业并购所追求的另一个重要目标。

2016 年 4 月，京东将京东到家与达达合并，并投入 2 亿美元，占新达达 47.4% 的股份。2020 年，达达在纳斯达克上市，京东是其第一大股东。2022 年 2 月，京东完成对达达集团的股份增持，占 52% 的股份。

京东收购达达的原因，主要是对供应链进行整合与优化。达达是本地即时零售和配送平台，其旗下的达达快送是达达集团旗下中国领先的本地即时配送平台，通过众包模式，为即时配送订单的频繁波动合理匹配运力，在很大程度上保障了配送的稳定性和及时性。京东一直在加强全渠道布局，收购达达可以帮助京东更好地整合线上线下资源，提升用户体验。通过这次收购，京东进一步强化了其在物流配送领域的竞争优势，特别是在"最后一公里"配送能力的提升上。本地生活服务是一个巨大的市场，收购达达可以帮助京东进一步拓展在本地生活服务领域的业务。

收购完成后，京东和达达在团队与业务上逐步融合。达达全面融入京东的大战略，双方进一步深化全渠道合作。京东的全渠道业务已覆盖专卖店、商超、便利、汽车、生鲜、鲜花、医药等多种线下业态和品类，连接数百万的线下门店。

京东的电商业务本已建立了广泛的物流网络，但随着消费者对配送速度和服务质量要求的不断提高，特别是在生鲜、快消品等需要即时配送的领域，传统的物流模式已经难以满足市场需求。通过收购达达，京东将其成熟的即时配送网络与自身强大的仓储和物流基础设施进行了深度整合。这种整合不仅显著提升了供应链的响应速度，还优化了配送效率，使得京东在"最后一公里"配送上具有了更强的市场竞争力。

这次并购还帮助京东拓展了同城服务市场，满足了消费者对更快、更灵活配送服务的期待。达达的即时配送能力与京东原有物流系统的结合，使得京东能够在更短时间内将商品送到消费者手中，尤其是在生鲜、药品等需要快速响应的领域，表现尤为突出。

将供应链的整合与优化作为并购目标，意味着企业收购或合并其他公司，是为了加强自身在生产、物流、配送等环节的效率和协同能力。这样的战略举措旨在减少运营成本、提升服务质量、加快市场响应速度，从而在激烈的市场竞争中获得优势。比如，阿里巴巴在2017年收购菜鸟网络，旨在整合其电商业务的供应链体系，提高物流和仓储的效率；美的在2016年收购德国库卡机器人，通过引入先进的自动化技术，优化了其生产供应链；亚马逊于2017年收购Whole Foods，成功地将线上与线下零售业务融合，优化了食品供应链，提高了配送速度；戴尔在2016年收购EMC，整合了数据存储和管理的供应链，强化了企业级IT解决方案；苹果于2018年收购Dialog Semiconductor的部分业务，减少了对第三方供应商的依赖，优化了电源管理芯片的供应链；英特尔在2015年收购Altera，整合了芯片制造的供应链，提高了在数据中心和物联网领域的效率。这些案例都体现了供应链整合与优化在并购战略中的关键作用。

非常明显的是，供应链的整合与优化，主要体现在纵向并购方面。在纵向并购中，企业通过整合上下游资源，可以更好地协调生产、物流、销售等各个环节，减少中间环节的摩擦，优化整体供应链。这种整合带来的直接好处包括更快的市场响应、减少供应链中的不确定性以及降低生产和分销的成本，从而使企业在竞争中获得更大的优势。

第三章　哪些企业需要并购

发展瓶颈期

企业在面临增长瓶颈时，通过并购来实现突破是一种常见且有效的策略。并购不仅能带来体量和市场份额的扩大，还能促进技术、资源和人才的整合，实现脱胎换骨的改造，突破发展瓶颈。2012 年 Facebook 收购 Instagram 就是一个典型案例。

当时，Facebook 虽然已经是社交媒体的巨头，但却面临着增长的瓶颈。特别是在年轻用户群体中的吸引力逐渐减弱，导致用户增长趋于平缓。同时，移动互联网的发展使得图片和短视频成为新的社交媒介趋势，而 Facebook 在这一方面的布局相对薄弱。Instagram 在被收购时只是一家只有 13 名员工的小公司，但作为一款专注于图片和短视频分享的社交应用，却吸引了大量年轻用户，而且用户增长迅猛，正在全球范围内迅速普及。Instagram 在技术方面相对于 Facebook 更为先进，尤其是在移动端的用户体验设计、图片和视频处理技术，以及社交互动功能上更具创新性和吸引力。Instagram 的滤镜功能和简洁直观的界面设计大大提升了用户分享和互动的便利性，使其在年轻用户中广受欢迎。

因此不难理解，面临发展瓶颈的 Facebook 决定收购 Instagram，背后的动因主要包括扩展用户群体、整合技术平台和消除竞争威胁三个方面。用户方面，通过收购 Instagram，Facebook 能够迅速获取 Instagram 的活跃用户，尤其是年轻用户，从而扩大自身的用户基础。这不仅帮助 Facebook 巩固了在社交媒体市场的地位，还使其用户结构更加多样化。技术方面，Instagram 在图片和视频分享技术上的领先优势，使其成为一个极具吸引力的收购目标。通过并购，Facebook 能够整合 Instagram 的图片和视频分享技术，提升其平台的多媒体互动功能，增强用户体验和平台黏性。而在消除竞争威胁方面，Instagram 的快速崛起对 Facebook 构成了潜在威胁，尤其是在年轻用户群体中。通过将 Instagram 纳入自身体系，Facebook 不仅消除了这一竞争威胁，还进一步巩固了其在社交媒体市场的主导地位。

结果表明，这次并购极大地推动了 Facebook 的战略布局，使其在用户扩展、技术提升和竞争力增强方面都取得了显著进展，不仅帮助 Facebook 突破了发展瓶颈，还为其未来的持续增长奠定了坚实基础。

在中国，腾讯收购 Supercell 是另一个通过并购突破发展瓶颈的典型案例。

2016 年，中国互联网巨头腾讯以 86 亿美元收购了芬兰游戏公司 Supercell 84.3% 的股份。在此之前，腾讯在游戏方面的瓶颈在于，虽然它在中国游戏市场上占据了主导地位，但在全球市场上的影响力不够强。尤其是在移动游戏领域，虽然腾讯拥有《王者荣耀》等热门游戏，但在国际市场上的知名度和用户基础还是较差一些，需要提升。同时，全球移动游戏市场竞争激烈，腾讯需要寻找新的增长点来保持其市场领导地位。

所以，腾讯收购 Supercell 背后的动因，主要就是扩展全球用户群体、整合顶尖游戏开发技术和增强国际市场竞争力。

在扩展全球用户群体方面，Supercell 旗下的《部落冲突》《海岛奇兵》《皇室战争》等游戏在全球范围内拥有庞大的用户基础。通过收购 Supercell，腾讯能够迅速获取这些活跃用户,显著扩大其全球用户群体,提高国际市场的份额。

在技术整合方面,Supercell以其卓越的游戏开发能力和创新的游戏设计闻名。通过并购,腾讯不仅能够获取Supercell的先进技术和开发经验,还能与其顶尖的开发团队进行深度合作,这就提升了腾讯在游戏开发领域的整体水平。增强国际市场竞争力是另一个重要因素。Supercell在全球移动游戏市场上的成功经验和品牌影响力,对于腾讯来说是极为宝贵的资源。通过将Supercell纳入自身体系,腾讯不仅消除了一个强有力的竞争对手,还进一步增强了其在全球游戏市场的竞争力。

结果,这次并购极大地推动了腾讯在国际市场上的战略布局,使其在全球用户扩展、技术提升和市场竞争力增强方面都取得了显著进展,从而突破了自身在国际市场上的发展瓶颈。

企业通过并购突破发展瓶颈的策略可以概括为四个方面:一是市场扩展;二是技术获取;三是资源整合;四是人才引进。

通过并购进入新的市场或细分市场,可以显著扩大企业的市场份额。谷歌收购Android公司后,迅速进入了移动操作系统市场,成功占据了全球移动设备的大量份额。2013年7月百度收购91无线也是出于这一目标,该并购使百度成功进入了移动应用分发市场,扩大了其在移动互联网领域的市场份额。

并购能够使企业迅速获取先进技术和知识产权,并提升企业的创新能力。微软收购LinkedIn,通过整合其职业社交网络资源,增强了微软在企业服务领域的能力,使其在市场竞争中占据了更有利的位置。阿里巴巴收购优酷土豆也有类似动因,并购使阿里巴巴获得了先进的视频流媒体技术。

通过并购整合资源,典型的例子是亚马逊收购Whole Foods Market,通过整合 Whole Foods Market 的线下零售资源，亚马逊不仅提升了其电商平台的物流和配送能力，还增强了用户体验，拓展了市场影响力。京东收购达达也是为了资源整合，京东整合了达达的同城配送资源，提高了其物流配送效率。

通过并购吸引和保留高端人才，来提升企业的整体竞争力，同样是企业突破瓶颈的策略。苹果收购 Beats 后，不仅吸纳了其创始人 Dr. Dre 和 Jimmy Iovine，还增强了公司在音乐领域的影响力，并推动了苹果音乐产品的发展。字节跳动收购 Musical.ly，不仅吸引了大量优秀的技术和创意人才，还大大提升了其在全球短视频市场的影响力。

若想通过并购来突破增长瓶颈，在选择标的公司时就要特别谨慎。目标公司必须与自己的战略目标和业务模式高度匹配，同时它的技术、资源和知识产权应该能补充并提升自己的能力。目标公司最好还有强大的品牌影响力和用户群体。此外，文化融合和财务风险也是需要考虑的关键因素，要确保并购能顺利实现预期目标。

战略转型与变革

企业的战略转型和变革，是企业在不同发展阶段常用的两种战略举措，虽然两者目标相似，都是想提升企业竞争力和实现可持续发展，但其具体内容和实现方式有所不同。

战略转型，是指企业在原有战略基础上，为了适应外部环境的变化或内部发展的需求，进行的重大调整或升级。这样的转型通常涉及业务模式、市场定位、产品组合、技术应用等方面的改变。一个很典型的国际案例就是 IBM 的战略转型。

20世纪90年代，IBM面临计算机硬件市场日益激烈的竞争，传统硬件业务的利润不断下滑。

IBM决定进行战略转型，目标是从一家以硬件为主的公司转型为以服务和软件为主的企业。为此，IBM采取了多项措施，包括业务重组、优化产品组合、加强研发投入、调整市场策略和提升客户服务质量。这些措施中的重要一项就是并购。普华永道（PwC）是一家全球知名的专业服务公司，提供包括审计、咨询和税务在内的多项服务。并购普华永道的咨询业务对IBM的战略转型具有重大意义，不仅帮助IBM迅速进入了IT服务市场，还使其能够提供更全面的企业解决方案，从而提升了其在高利润服务领域的竞争力。通过收购普华永道的咨询业务，IBM成功进入IT服务市场，并逐步退出低利润的PC业务，最终转型成功，IBM转型为全球领先的IT服务和解决方案提供商，其服务业务成为公司主要的收入和利润来源。

什么是企业的变革？变革指的是企业在经营管理、组织结构、企业文化、流程优化等方面进行重大改变，以提高效率、适应市场变化或实现创新。变革可以是局部的，也可以是全面的。

海尔的组织变革是一个非常经典的案例。面对互联网和智能家居市场的快速发展，作为传统家电制造商的海尔，意识到原有的组织结构和管理模式无法适应新的市场需求，因此启动了组织变革，具体措施是启动了"人单合一"模式这一去中心化的组织变革，将传统的金字塔型结构变为小微企业群体，让员工可以直接面向用户，并快速响应市场需求。结果，海尔通过这一变革，大幅提升了市场响应速度和创新能力，成功在全球智能家居市场占据了领先地位。

战略转型与变革的相同点，第一在于两者的目标一致，都是想提升企业的竞争力，增强市场适应性，实现可持续发展。第二在于两者都是需求驱动的，或者说，都是为应对外部环境变化或内部发展的需求而进行的调整。第三在于两者都需要进行资源整合，也就是都需要有效整合企业内部和外部资源，优化配置，实现预期目标。

战略转型与变革的不同点，首先最明显的就是范围和深度不同。战略转型通常涉及企业的整体战略层面，是对企业核心业务模式和市场定位的重大调整。而变革则可以是局部或整体的，更多关注企业运营和管理层面的改变。其次，涉及并购的原因时，战略转型和变革的实施方式不一样。战略转型往往通过并购、剥离、业务重组等方式实现，如IBM的并购。而变革更多涉及内部管理和组织结构调整，如海尔的组织变革。最后，就是时间周期不一样。战略转型通常是长期的系统工程，需要比较长的时间才能看到效果。而变革则可以是阶段性的，某些变革措施可能会在较短时间内见效。

那么，为什么企业的战略转型和变革需要并购呢？这是因为，两者是相辅相成的关系，战略转型通常需要通过变革来实现。转型涉及的战略调整，需要在企业的各个层面进行变革，以支持新的战略方向。而且，转型和变革通常还是同步进行的。在实施战略转型时，企业常常需要同步进行内部变革，如重新定义市场定位（战略转型）需要调整市场策略和销售流程（变革），以确保新战略的成功实施。

以前面的 IBM 并购案为例，它的战略转型和变革是一起进行的。IBM 的战略转型是从硬件制造商转型为以服务和软件为主的企业，通过收购普华永道的咨询业务进入了 IT 服务市场（战略转型）。而并购所伴随的变革则包括业务重组、优化产品组合、加强研发投入、调整市场策略和提升客户服务质量。为什么"并购"和"重组"两个词总是连在一起说呢？这在很大程度上说明了转型和变革是伴生的。

再以之前一节提到的 Facebook 收购 Instagram 为例，其同样包含战略转型和变革。其中，属于战略转型的部分，是 Facebook 通过收购 Instagram，从传统的社交媒体平台向更注重图片和短视频分享的多媒体平台转型。这一转型使 Facebook 在年轻用户群体中重新获得吸引力，扩展了业务模式。而属于变革的部分，则是在收购后，Facebook 对 Instagram 进行了整合，在保持其独立运营的同时，逐步优化技术和平台资源，以提升整体用户体验。这一过程包括文化融合、技术平台整合等多方面的变革。

又比如前面一节提到的腾讯收购 Supercell，同样是战略转型伴随着变革。它的战略转型，是通过收购 Supercell，将战略从中国市场扩展到了全球游戏市场，从而提升了国际竞争力。而它的变革，是并购后腾讯对 Supercell 的管理和运营进行优化调整，通过资源共享和技术交流，增强了其全球研发能力和市场推广效果。

企业在进行战略转型时，并购是一个重要且有效的手段，但并不是唯一的选择。内部创新、战略联盟、剥离与重组等策略都可以成为实现战略转型的路径，企业应该根据自身的实际情况考虑选择最合适的路径。

拓展新市场与新技术

2015 年，中国电商巨头阿里巴巴对以色列的视觉搜索公司 Visualead 进行了战略投资，以帮助阿里巴巴在图像识别技术和二维码应用领域实现快速提升。阿里巴巴此次投资的主要动机就是为了获取新技术和拓展新市场。

Visualead 是二维码技术的先锋，其独特的视觉 QR 码技术使二维码不再只是黑白的方形图案，而是可以包含图片和动画，能创造出更加美观和功能多样的二维码。Visualead 的技术在多个领域得到了应用，包括移动支付、商品防伪、广告营销等。这种技术能够提升用户体验，增加二维码的吸引力和实用性。通过投资Visualead，阿里巴巴可以整合这家公司的技术和研发团队，因为Visualead拥有强大的技术研发能力，并与多家国际知名企业有合作，为其提供定制化的二维码解决方案，所以阿里巴巴对技术团队的整合进一步增强了自身在图像识别和二维码应用领域的创新能力。Visualead在全球范围内，尤其是在O2O（线上到线下）领域具有一定的市场影响力。阿里巴巴通过此次投资，可以借助Visualead的技术和市场资源，进一步开拓海外市场，提升其国际竞争力。

此次投资后，Visualead的技术被应用于阿里巴巴的多个平台，如淘宝和天猫，以及阿里巴巴的防伪系统，不仅为商家提供创新的营销工具，也被用于帮助打击假货，提升消费者信任。此次投资不仅使阿里巴巴在技术上取得了突破，还使阿里巴巴在全球市场上获得了更大的发展空间。

企业通过并购来获取新技术和拓展新市场是有效的。并购是获取先进技术的一条捷径，特别是当内部研发成本高昂且时间较长时，通过并购可以迅速将成熟技术纳入企业体系。

此外，并购不仅仅是获取现有技术，更能增强企业的研发能力。通过收购拥有强大研发团队和资源的企业，母公司可以通过整合资源，加速自身的技术创新和产品开发。

在市场方面，进入新市场通常需要深入了解当地的商业环境、法律法规和文化差异。通过并购当地的企业，母公司可以借助被收购企业的本地知识和资源，迅速建立新的市场。另外，并购还可以迅速增加企业的市场份额，提升市场地位，尤其是通过并购消除竞争对手或获取其市场份额，是实现市场扩展的有效策略。

除了阿里巴巴，另一个典型案例是2014年Facebook以20亿美元收购虚拟现实公司Oculus。这一并购使Facebook在虚拟现实技术上取得了领先地位，为未来的社交网络形态奠定了技术基础。同时，Oculus 团队的加入也极大地增强了 Facebook 的研发能力，从而促进了公司的整体技术进步。

以并购为企业获取新技术和拓展新市场的重要手段，主要出于绩效方面的考虑，也就是并购能实现比自主发展更高的绩效，这种绩效可以表现在时间效益、技术能力、市场占有情况，以及文化整合、财务状况、法律合规性和品牌声誉等各方面。

在时间效益方面，并购使企业可以迅速获取目标公司的技术、市场资源和人才，与自主研发和自己进行市场拓展相比，其可以节省大量时间。在技术能力方面，许多时候企业若想自己研发几乎不可能，最典型的例子包括高端光刻机、基因编辑技术和量子计算芯片等。并购可以帮助企业获取先进的技术和专利，特别是在技术快速发展的行业，并购是一条获取前沿技术的快速提升途径。在市场拓展方面，并购能够迅速增加企业的市场份额，尤其是在新市场或新领域，通过并购当地企业，可以更快速地建立市场存在，减少进入障碍和风险。总之，企业决定进行并购的核心考量是通过并购带来的绩效提升要大于不并购而依靠自身发展的绩效。

行业整合需求

行业整合，也可以称为横向整合，通常是指通过横向并购来提高市场集中度和竞争力的过程，也就是通过横向并购将市场中的多个企业整合成一个更大、更强的实体，从而提高市场集中度，增强行业的整体竞争力。

多年来，国内外为了达到这方面的目的而进行横向并购的案例非常多。比如，此前说过的 Facebook 收购 Instagram，迪士尼收购 21 世纪福克斯，雀巢收购克里斯特（Crestor），惠普收购康柏，美国在线（AOL）与时代华纳合并，谷歌收购摩托罗拉移动，百威英博收购南非米勒，通用电气收购阿尔斯通能源业务，等等。事实上，发生在1897年至1904年的美国第一次并购潮，其并购活动主要以横向整合为主，并购主要发生在竞争对手之间，使得基础金属、交通和采矿业的集中度被不断提高。

企业进行行业整合的需求和动力首先来源于增强市场控制力，如定价权和市场份额。当市场中只有少数几家大企业时，这些企业可以更容易地控制价格，避免价格战，提高利润率。而通过横向并购，企业可以迅速增加市场份额，巩固市场地位。

进行行业整合的另一主要动机来自实现规模经济，以获得成本优势，以及采购和谈判能力。并购后的规模经济表现在企业可以通过共享资源、整合供应链、优化生产和管理流程，降低单位成本等方面，并且规模更大的企业在与供应商和客户的谈判中拥有更多的优势，可以获得更好的采购条件和销售渠道。

行业整合的其他动机还包括扩大产品和服务范围，获取技术和人才等。但这样的目标其实纵向并购和混合并购也可以达到。

行业整合为什么必要呢？主要是为了应对市场竞争和提升企业价值。在高度竞争的市场中，通过并购来整合行业资源，可以有效减少竞争对手，提升市场占有率和竞争力。并购同时也是一种防御策略，可以避免被其他更大企业收购或排挤出市场。并购整合还能提升企业盈利能力和市场地位，可以增加企业的市值，为股东带来更高的回报。

企业通过并购实现行业整合以提升市场集中度。什么是市场集中度？这是衡量一个市场中主要企业所占市场份额的集中程度的指标。高市场集中度意味着少数企业掌握了大部分市场份额，而低市场集中度则表示市场份额分布在许多企业之间。就像一个城市的餐饮市场，如果几家大型餐厅占据了大部分顾客，市场集中度就高；但如果有很多小餐馆，大家的顾客差不多，市场集中度就低。所以，并购显然是提高市场集中度的主要方式之一。

市场集中度通常用市场份额来衡量，即市场中前几大企业所占的总市场份额。常用的指标包括 CR4 指标，指的是前四大企业市场份额之和。另一个指标是赫芬达尔-赫希曼指数（HHI），指所有企业市场份额平方和的总和。HHI 越高，市场集中度越高。HHI 看似不好理解，但它基于一种数学原理，即总和为 100 的几个数字，其中数值大的数字占比越大，那么按照 HHI 计算出来的值就越高。

比如，学校里有 4 个小卖部，其市场份额分别为：小卖部 A 占 30%，小卖部 B 占 30%，小卖部 C 占 20%，小卖部 D 占 20%，据此计算出的 HHI 值为 2600。若学校里只有 2 个小卖部，且市场份额各占 50%，最终的 HHI 值为 5000，远高于之前的 2600。这表明当市场上少数几家企业占据大部分市场份额时，HHI 值会很高，同时也表明 HHI 指标比 CR4 指标更全面，只是不如后者直观易理解。

在世界并购史上，许多企业通过不断的横向并购达到了极高的市场集中度。比如，19 世纪时期由约翰·洛克菲勒创立的标准石油公司（Standard Oil），通过一系列的横向并购和整合，在 19 世纪末掌握了美国 90% 以上的炼油产能，这种高度集中的市场控制力引发了公众和政府的强烈反对，最终在 1911 年，美国最高法院判决将标准石油公司分拆为 34 家独立公司。另一个典型案例是 AT&T 收购 SBC 通讯，发生于 2005 年，随后 AT&T 继续通过一系列并购，包括收购贝尔南方公司（BellSouth），使该行业形成了很高的市场集中度，并使 AT&T 在电信行业占据了主导地位。

在我国，有研究人员通过研究国内外并购史发现，企业的横向整合在并购重组上的绩效最高，美国的经验及我国市场的实证证据表明，横向并购在助推企业做大、重塑产业结构方面具有积极的意义。我国目前仍处于产业结构高度分散的阶段,应当对标美国第一次并购浪潮,大力支持集中度较低的行业企业进行横向并购,以减少恶性价格竞争,转向技术、研发、品牌的竞争,并培育一批行业龙头企业、标杆企业。

市场份额增加

2006年,是互联网视频分享平台迅速崛起的一年,在这一年,YouTube成了最受欢迎的视频分享网站,月独立访客数超过1亿,成为全球用户上传、观看和分享视频的首选平台。然而,YouTube在盈利模式上仍面临挑战,其广告收入未能覆盖高昂的运营成本,并且在版权管理方面也遇到了许多问题。

与此同时,谷歌作为全球领先的搜索引擎公司,却在视频内容的领域落后于YouTube,其视频服务Google Video吸引不到大量用户,与YouTube的巨大差距使谷歌意欲收购后者以扩大市场份额,迅速进入视频分享市场并消除主要竞争对手。最终,谷歌在2006年11月13日宣布以16.5亿美元收购YouTube。这次收购是一次善意收购,双方在达成交易之前进行了友好的谈判,YouTube的管理层和董事会都对这笔交易表示了支持,并购过程非常顺利。

在并购前的市场分析和决策过程中,双方考虑了并购对各方达成共赢的多个方面,谷歌考虑YouTube拥有庞大的用户基础,月活跃用户数已经突破1亿,其平台上的内容种类繁多,从个人视频到专业制作的视频,涵盖了各种类型和话题,具有很强的吸引力和黏性,YouTube已经成为视频分享的代名词,品牌认知度极高。

对于 YouTube 而言，这次并购也带来了许多好处。通过成为谷歌的一部分，YouTube 能够获得更多的资源和技术支持，帮助其改善平台性能和用户体验。此外，谷歌强大的广告平台和盈利模式也将为 YouTube 带来新的收入来源，提升其商业模式的可持续性，谷歌的品牌和全球影响力会进一步增强 YouTube 在国际市场上的地位，帮助其继续扩大用户基础和市场份额。

并购完成后，谷歌并没有立即对 YouTube 的品牌和运营进行重大调整，而是选择保持其独立运作，以利用其已有的品牌影响力和用户黏性。同时，谷歌将其强大的广告平台和技术资源引入 YouTube，帮助其提升盈利能力和用户体验。

并购后的几个月，YouTube 用户数量继续快速增长，谷歌的广告收入也随之增加。通过整合谷歌的广告技术，YouTube 实现了广告收入的大幅提升，并为创作者提供了更多盈利机会，从而进一步吸引了优质内容的生产者和观众。

并购后的几年间，YouTube 迅速巩固了其在全球视频分享市场的主导地位，市场份额大幅增长，月活跃用户数在并购后几年内翻了几番，成为全球最大的视频分享平台。用户在 YouTube 上的平均观看时长显著增加，广告收入也相应大幅增长，品牌影响力也扩展到了全球多个国家和地区，成为用户获取和分享视频内容的首选平台，从而建立了丰富多样的内容生态系统。通过此次并购，谷歌和 YouTube 共同实现了市场份额的显著增长和品牌影响力的全面提升。

企业通过并购来增加市场份额，一个重要的目标就是扩大企业的影响力。通过并购，企业可以直接消除竞争对手，扩大市场份额，增强市场控制力。并购后的企业可以整合资源，提高运营效率，提升市场竞争力，并购还可以帮助企业迅速进入新的市场和领域，扩大品牌的覆盖范围。通过并购有影响力的企业或品牌，双方还可以提升自身品牌的市场认知度和美誉度。

通常，横向并购通过消除竞争对手，可以迅速且直接地增加市场份额；合并后的企业可以共享市场资源和客户群。谷歌并购YouTube就是视频领域中的一次典型的横向并购，其不仅消除了在视频分享市场上的主要竞争对手，还成功整合了YouTube庞大的用户基础和丰富的内容资源。

纵向并购对于市场份额的提升是间接的。它通过控制供应链的更多环节、提高效率和降低成本来增强企业竞争力，从而间接增加市场份额，而不是直接增加某一特定产品或服务的市场份额。海尔集团收购GE家电业务就是一个典型的纵向并购案例，因为GE家电业务涉及家电产品的设计、制造和销售，而海尔则是家电行业的全球领先制造商，与GE家电处于供应链上下游关系。通过收购GE家电，海尔能够全面掌控整个供应链，无论是上游的设计与技术开发，还是中游的生产制造，或者是下游的市场销售，其都可以进行统一协调。这一整合使得海尔不仅获得了GE在家电制造和技术方面的优势，还实现了从生产到销售的整个供应链整合。通过收购GE家电，海尔不仅获得了其先进的技术和生产能力，还加强了在北美市场的供应链控制。这一收购帮助海尔降低了生产成本，提高了运营效率，从而增强了其在全球市场的竞争力，间接提升了市场份额。

混合并购是不同行业之间或不直接相关的企业之间的并购，其可以通过多元化经营和跨行业资源整合来增加市场份额，减少单一市场风险。虽然并不能直接增加某一特定产品或服务的市场份额，但通过某种协同效应同样可以间接增加市场份额。例如，腾讯控股收购Supercell就是一个成功的混合并购案例。腾讯是一家主要从事社交网络和数字娱乐的公司，而Supercell是一家芬兰的移动游戏开发公司，二者并不在同一行业，属于典型的混合并购。

通过此次收购，腾讯不仅进入了全球移动游戏市场，还能够将Supercell的游戏引入其庞大的社交平台，如微信和QQ，借助这些平台巨大的用户基础进行市场推广。Supercell的《部落冲突》和《皇室战争》等游戏在全球范围内非常受欢迎，这就进一步扩大了腾讯在国际市场上的影响力和市场份额。这种市场份额的增长是通过混合并购后创新商业模式和市场拓展实现的，腾讯以跨行业资源整合的方式，整合了Supercell的游戏开发能力和自身的市场推广优势，从而增强了自身在全球数字娱乐市场的竞争力和市场份额。

企业借助并购手段来拓展市场份额，其目的不单在于提升销售额和市场占有率，更在于全面增强企业的整体影响力。在并购模式的选择方面，横向并购、纵向并购以及混合并购都可供考虑，横向并购能够直接促使市场份额得以增长，而纵向并购和混合并购则是凭借间接方式或者协同效应来提升市场份额和影响力。

第四章 企业并购时机

竞争压力

2005 年，移动互联网正处于快速崛起的阶段。虽然当时苹果的 iPhone 还未发布，但业界已经预见到智能手机将成为未来的发展趋势。苹果和微软等公司都在移动操作系统市场上投入了大量资源，苹果的 iOS 和微软的 Windows Mobile 已经初具雏形。在这个手机及移动互联网行业的范式变革中，未能及时跟上的头部公司将面临落后或被淘汰的风险。后来的事实证明，诺基亚就因为未能及时跟上这一范式变革而被市场淘汰。

范式变革是指行业或技术领域发生根本性转变，其会导致整个市场格局发生剧烈变化。这与普通的企业进化发展不同，后者通常是循序渐进地改进，而范式变革则是颠覆性的，迫使企业必须迅速适应新的市场环境，否则就会被市场淘汰。比如，从传统胶卷相机到数码相机的转变，就是一次范式变革，不仅改变了消费者的拍照方式，还彻底颠覆了摄影产业链。再如，从实体租赁电影到在线流媒体服务的转变，也是一个显著的范式变革，使传统实体租赁公司面临整体淘汰。而电子商务（如淘宝、京东等）、移动支付（如支付宝）、云计算、大数据与人工智能等都是范式革命，特征之一就是会淘汰旧的范式，因此范式变革要求企业迅速调整战略，头部企业也必须快速跟上以避免被淘汰。

谷歌需要在移动互联网领域占据一席之地，否则将面临被淘汰的风险。但自主研发却可能会导致其赶不上行业进度，因此谷歌必须通过并购来获取先进的技术和资源，以应对来自这些强劲对手的威胁。通过并购安卓，谷歌得以快速进入移动操作系统市场，抢占先机。安卓的技术能够帮助谷歌在短时间内推出具有竞争力的移动操作系统，从而在市场中站稳脚跟。

并购安卓不仅仅是为了获取技术，更是谷歌整体战略的一部分。谷歌拥有强大的互联网生态系统，包括搜索、广告、地图等服务，而安卓操作系统可以将这些服务无缝整合到移动设备中，形成更具竞争力的产品和服务组合。通过并购，谷歌能够将自身的资源和安卓的技术进行有效整合，提升整体竞争力。

结果表明谷歌的并购是成功的，我们如今很多人都在使用安卓手机。在并购安卓后，谷歌迅速推出了安卓操作系统，并在短时间内赢得了市场的广泛认可。安卓系统不仅在用户数量上超过了苹果的 iOS，还成了全球最流行的移动操作系统。

除了像谷歌这样的头部企业面对范式变革时需要通过快速并购以应对竞争而避免被淘汰之外，非头部企业在意识到范式革命已经发生后，也需要快速跟进，并采取并购的方式来保持竞争力。此外，企业在面对非范式革命的巨大的竞争压力时也应采取并购策略以避免被淘汰。通过并购，企业能够快速获取先进的技术、资源和市场份额，从而提升自身的竞争力。例如，很多传统零售企业通过并购电子商务公司来应对线上购物的冲击，适应新的市场环境。这些并购不仅帮助企业生存了下来，还可能为其打开新的增长空间。

沃尔玛在面对亚马逊等电商巨头的竞争时，感受到了巨大的压力。为了快速提升其电商能力，沃尔玛在 2016 年以 33 亿美元收购了 Jet.com。通过这次并购，沃尔玛不仅获得了 Jet.com 的先进技术和电商运营经验，还增强了其在电商市场的竞争力，使其能够更好地与亚马逊抗衡。

Adobe 并购 Magento，同样是出于竞争压力。Adobe 是一家以软件产品闻名的公司，为了扩展其在电商领域的影响力，Adobe 在 2018 年以 16.8 亿美元收购了电商平台 Magento。通过这次并购，Adobe 不仅丰富了其产品线，还能够为用户提供更完整的解决方案，从而提升了其在市场中的竞争力和影响力。

此外，我们所熟知的阿里巴巴并购饿了么、腾讯并购 Supercell、海尔集团并购 GE 家电等，也都在很大程度上是为了应对竞争压力。阿里巴巴在 2018 年收购了饿了么，不仅获得了饿了么的技术和用户资源，还加强了其在本地生活服务市场的布局，使阿里巴巴能够更好地与美团竞争。腾讯并购 Supercell，是为了加强其在全球游戏市场的竞争力，并购使腾讯获得了高质量的游戏开发能力和创新技术，从而进一步巩固了其在游戏行业的领先地位。海尔集团并购 GE 家电，是为了增强其在全球家电市场的竞争力，GE 家电在北美市场拥有广泛的品牌影响力和市场份额。通过并购，海尔不仅大幅提高了其在北美市场的份额，还获得了 GE 在技术研发和品牌管理方面的经验，帮助海尔加速其国际化进程，进一步巩固了其在全球家电市场的地位。

在当今快速变化的市场环境中，无论是否面对会淘汰许多企业甚至行业的范式革命，也无论是不是头部企业，通过并购来应对竞争压力，已成为企业一种常见且有效的策略。并购能够帮助企业获取技术、扩展市场、整合资源并渡过难关。对于一些面对巨大压力的企业，并购可能是其必需的选择。特别是企业在内部资源不足或技术研发无法跟上市场需求时，并购往往会成为企业获取外部资源和技术的最快途径。

财务困境

在2008年的金融危机中,曾经辉煌一时的汽车制造巨头克莱斯勒公司,陷入了前所未有的财务困境。金融市场的崩溃引发了全球经济衰退,汽车行业受到重创,克莱斯勒也未能幸免,其财务状况急剧恶化。汽车销量大幅下滑,现金流枯竭,债务压力山大。公司不得不裁员、关闭工厂、减少研发投入,以求勉强维持生存。华尔街和全球投资者对克莱斯勒的前景持悲观态度,公司的股票价格一路暴跌,市场信心几乎丧失殆尽。

2009年年初,克莱斯勒宣布破产保护。公司迫切需要一条出路,否则,等待它的将是彻底的崩溃与消亡。

就在此时,意大利汽车制造商菲亚特公司出现了。菲亚特的首席执行官塞尔吉奥·马尔乔内看到了克莱斯勒的潜力,尽管它深陷困境,但其品牌价值、市场渠道和技术储备仍然具有巨大吸引力。

马尔乔内提出了一个大胆的并购方案:菲亚特将入股克莱斯勒,提供资金支持和技术共享,以换取克莱斯勒的股份。这一方案得到了美国政府和克莱斯勒管理层的支持,因为它不仅能够解决克莱斯勒的资金短缺问题,还能够引入先进的技术和管理经验。

并购过程并不是一帆风顺的,克莱斯勒和菲亚特需要克服文化差异、管理风格的不同以及市场环境的挑战。双方组建了联合管理团队,制订了详细的整合计划,涉及工厂运营、产品开发、市场营销等多个方面。

菲亚特注入了克莱斯勒急需的资金,以帮助克莱斯勒维持日常运营。同时,双方在技术领域展开合作,开发新车型,并利用菲亚特在小型车和燃油经济性方面的优势，改进克莱斯勒的产品线。

最终，这次并购使克莱斯勒逐步走出了财务困境。新的管理团队实施了一系列改革措施，提高了生产效率和产品质量，推出了多款受市场欢迎的新车型。克莱斯勒的销量逐渐回升，市场信心也随之恢复。

2014年，菲亚特完成对克莱斯勒的全面收购，两家公司合并为菲亚特克莱斯勒汽车公司（FCA）。这次并购重组不仅拯救了克莱斯勒，使其免于破产，还创造了一个全球汽车制造业的新巨头。

陷入财务困境的企业寻求并购重组以自救具有普遍性。通常，这类企业并非并购的主动发起方，而是被收购的目标，然而也存在陷入财务困境的企业主动发起并购的案例，如日本电器公司松下在陷入财务困境时对三洋电机的收购，德国大众汽车在面临财务压力时对保时捷的收购，以及中国海航集团在财务困境中对瑞士航空餐饮公司Gategroup的收购等。克莱斯勒通过与菲亚特的并购，获得了急需的资金支持、资源整合和技术共享，从而成功走出了破产的阴影。在那些必须进行并购的企业当中，陷入财务困境的企业是主要的一类，这些企业往往必须通过并购寻求重组机会，以避免破产和重大损失。

企业面临严重财务困境的成因，在寻求并购重组时也是主要的考虑因素。面临严重财务困境的成因是多方面的，首先是市场竞争加剧，企业若无法跟上行业技术发展和市场需求变化，往往会逐渐丧失竞争力，导致销售额下降和利润减少，比如，诺基亚在智能手机市场的崛起中未能及时调整，从而导致市场份额大幅缩水。其次，内部管理出现问题也是重要方面，管理不善、决策失误或成本控制不力，都可能导致企业财务状况恶化，如乐视因过度扩张和管理不善，导致资金链断裂。更普遍的情况是宏观经济环境的影响，经济衰退、通货膨胀、利率上升等宏观经济因素，也会对企业的财务状况产生不利影响。2008年金融危机期间，许多企业因经济衰退而面临严重的财务困境。此外，如果企业过度借贷和负债，也会增加企业的财务压力，特别是在收入无法覆盖债务时，商业模式无法持续，企业会陷入重大困境。例如，万达集团在高负债运营模式下，因市场环境变化导致债务问题凸显；恒大集团也因高负债和房地产市场调控而陷入严重财务困境。许多中国房地产企业在高负债运营模式下，因市场环境变化而面临类似的问题。

并购作为解决财务困境的手段，主要在于救急，即通过提高资金流动性，获得新的资金支持，改善现金流，缓解资金紧张的局面。后续整合则旨在增强企业的自我造血能力，通过资源整合提高运营效率和竞争力，实现规模经济，降低生产和运营成本，从而提高盈利能力。此外，并购还可以迅速扩大市场份额，增强企业在市场中的影响力，进而提升销售和收入。

因此，为克服财务困境的并购，其成功所需要考虑的关键因素就包括战略匹配、尽职调查、整合计划等方面。并购双方的战略目标和企业文化高度匹配，容易确保并购后的整合顺利进行。并购前进行详细的财务尽职调查，评估目标企业的财务状况和潜在风险，是成功并购的基础。制订详细的整合计划，包括资源配置、管理结构和运营流程等，确保并购后迅速实现协同效应。

并非所有陷入财务困境的企业都是被收购方。通用电气（GE）在2014年因油价大幅下跌导致其能源部门陷入财务困境，但通过并购贝克休斯，利用其稳定的财务状况和先进技术，通用电气实现了自救和战略转型。也就是说，在并购交易中，财务困境企业也可以通过主动发起并购，来寻求解决财务困境的有效途径以重获新生。

陷入财务困境的企业发起并购时，需要仔细考虑设计支付方案，因为资金紧张可能限制了它们直接使用大量现金进行支付，在这种情况下可以考虑通过股权交换、资产置换、债务重组或分期支付等方式支付。

通用电气在具体并购过程中，提供了包括现金和股票在内的综合支付方案，最终成功收购了贝克休斯的多数股权。通用电气之所以选择并购贝克休斯，是因为它看中了贝克休斯在油田服务领域的专业技术和市场资源，希望通过这次并购实现资源整合，提高运营效率，并在市场中占据更有利的地位。

技术变革挑战

均胜电子（600699）成立于 2004 年，从内外饰功能件做起，到 2011 年时已发展成全球汽车电子与汽车安全领域的隐形冠军。在均胜电子的发展过程中，一共进行了四次重要的并购，分别是 2011 年并购德国普瑞、2014 年并购德国 IMA、2016 年并购美国 KSS 和 2017 年并购日本高田。这些并购都是在面对技术变革挑战时而进行的，是为了谋求在行业中不被淘汰生存下来，并获得发展。

均胜电子在成立之初，主要生产一些技术含量并不高的汽车零配件，但它较早地认识到了技术对于汽车零部件产业的重要性。21 世纪初，中国汽车零部件行业的核心技术仍然缺乏，同类公司不断涌现，竞争十分激烈。当年，江浙地区同期有一两千家相关企业，这些企业的产品技术含量低，主要集中在浅层次技术的行业内部激烈竞争，均胜电子面临着被市场淘汰的风险，因此试图寻求突围之路：如何在国内行业大打价格战的环境下脱身，另辟蹊径进入全球高端汽车零配件领域，其重要的思考之一是通过并购来获得技术和市场份额，以保持其在汽车零部件行业的竞争力。

在经历了 2008 年全球金融危机后，均胜电子于 2011 年 4 月收购了年营收 3.6 亿欧元的德国普瑞电子，这是当时中国企业最大的一起汽车电子国际收购案例，被业内称为"蛇吞象"。通过这次并购，新生的均胜电子获得了在国际市场弯道超车的技术力量，并收获了成功并购的国际经验，从此进入了全球化发展的快车道。

在接下来的 10 年间，均胜电子又接连出手，先后并购了德国 QUIN、美国 KSS 以及日本高田资产（PSAN 业务除外）等。通过企业创新升级和多次国际并购，其实现了全球化和转型升级的战略目标，现有产品覆盖与驾驶有关的域控制器、人机交互、汽车安全（主动、被动安全）、车载信息娱乐、新能源管理和 5G 车载互联等。凭借先进的创新设计、生产制造、品质管理及优秀服务，均胜电子成为宝马、奔驰、奥迪、大众、通用、福特、本田和丰田等全球汽车制造商的长期合作伙伴，并屡获保时捷、大众、通用等汽车制造商优秀供应商奖。

在技术快速革新的行业中，企业为了不被技术浪潮抛弃而进行并购，是一种常见且必要的策略。

在高科技行业，技术进步的速度极快。企业如果无法跟上最新的技术发展，就可能面临市场份额的急剧减少甚至被市场淘汰的风险。并购是应对技术变革挑战的主要策略之一。通过并购，企业可以迅速获取先进的技术和专业知识，避免技术落后的威胁。前面说过的谷歌收购 YouTube 和 Android 就是典型案例，并购使其在视频分享和移动操作系统领域获得了竞争优势。

在某些情况下，企业内部的研发部门无法跟上行业的创新步伐。这时，通过并购拥有强大创新能力和技术储备的企业，可以迅速增强自身的创新能力，保持市场竞争力。苹果公司通过收购多家小型创新企业（如 Siri 和 Beats），提升了其产品的创新水平和用户体验。阿里巴巴收购饿了么，迅速扩展了其在本地生活服务领域的布局。腾讯收购 Supercell，大幅提升了其在全球游戏市场的影响力。

企业在面对技术变革时，可能需要进入新的市场以保持增长。通过并购已经在目标市场中占据一席之地的企业，可以快速进入新市场并获取现有客户群体。Facebook 收购 Instagram 和 WhatsApp，使其在社交媒体和即时通信领域迅速扩展。美团收购摩拜单车，成功进入共享经济领域。字节跳动收购 Musical.ly，迅速在国际短视频市场站稳脚跟。

企业在面对新技术潮流时，可能存在某些技术短板。通过并购具备这些技术的公司，可以迅速补足短板，完善自身的技术布局。微软收购 GitHub，为其在开源社区中建立了强大的影响力，补足了其在开发者工具领域的不足。百度通过收购 xPerception，增强了其在自动驾驶和人工智能领域的技术实力。华为通过收购 Toga Networks，进一步提升了其在网络设备和技术研发方面的能力。

技术革新往往需要大量的研发投入和时间，通过并购可以迅速获取已经成熟的技术和产品，降低研发风险和成本，提高研发效率。Intel 收购 Mobileye，使其在自动驾驶技术领域获得了成熟的解决方案和市场地位。阿里巴巴通过收购中天微系统，大幅提高了其在芯片设计和物联网领域的研发效率。腾讯通过收购 Epic Games 的股份，获取了在游戏引擎开发方面的成熟技术和专业知识。

在激烈的市场竞争中，企业通过并购可以削弱竞争对手的力量，增强自身的市场地位。企业在面临竞争对手快速崛起时，通过并购可以获得竞争对手的技术和市场份额，从而巩固自身的领先地位。Amazon 收购 Whole Foods，以应对零售巨头 Walmart 在电商领域的竞争压力。滴滴收购 Uber 中国业务，显著减少了在中国市场的竞争对手，从而巩固了其在国内网约车市场的领导地位。美团收购摩拜单车，扩大了其在共享经济领域的市场份额，使其有效抵御了其他共享单车公司的竞争。

在技术快速革新的行业中，并购是企业应对技术变革挑战的一种重要策略，可以使企业迅速获取先进的技术和专业知识，增强自身的创新能力，快速进入新市场，补齐技术短板，提高研发效率，应对竞争压力。

监管和政策变化

2014 年，中国的互联网金融行业正处于快速发展的阶段，同时监管政策也在逐步完善和加强。传统金融行业面临着来自互联网金融的冲击和挑战，而互联网金融企业则需要在合规的前提下寻求更大的发展空间。

对于万达这样的传统商业巨头来说，新的监管政策环境既带来了挑战，也带来了机遇。挑战在于，如果不跟上互联网金融的发展步伐，可能会在未来的商业竞争中处于劣势。万达业务涵盖商业地产、文化旅游、电子商务和金融等领域，但还未涉足在线支付领域。机遇则在于，借助互联网金融的力量，可以拓宽在线支付等业务领域，实现多元化发展，对冲地产行业作为周期性行业的风险。

在这样的背景下，万达敏锐地看到了互联网金融的巨大商机。快钱作为一家在支付领域有一定积累和市场份额的企业，进入了万达的视野。快钱是中国领先的第三方支付公司之一，提供全面的支付解决方案和金融服务，在互联网支付、移动支付和跨境支付等领域拥有强大的技术和市场优势。万达看到，随着中国对互联网金融和支付行业的监管日益严格，拥有强大的支付技术和合规能力已成为企业竞争的重要因素。通过并购快钱，万达可以迅速获得支付领域的合规经验和技术储备，从而确保了在新监管环境下的业务合规性。快钱的支付技术和用户基础能够为万达的商业生态提供有力的支持，通过实现线上线下的融合，万达能够迅速进入互联网金融领域和第三方支付市场,并将其支付业务与自身的商业地产和电子商务业务整合,从而增强集团的整体竞争力。

2014年12月,万达集团宣布并购快钱,成为快钱的控股股东。这一并购涉及的金额和具体条款并未公开,但这次并购为万达带来了多方面的好处。并购完成后,快钱继续保持独立运营,但其业务和技术资源与万达的商业地产和电子商务业务进行了深度整合,如快钱的支付技术被广泛应用于万达广场的支付系统中,提升了用户的支付体验。万达通过快钱获得了先进的支付技术和解决方案,这不仅提高了万达在支付领域的技术水平,还增强了其应对互联网金融监管变化的能力。通过整合快钱的支付业务,万达成功地将其支付解决方案推广到了更多的业务场景中,从而扩大了市场份额,增强了市场竞争力。万达借助快钱在金融领域的经验和技术,得以开展理财、企业融资、众筹等多种金融业务,这就进一步拓宽了盈利渠道;通过与互联网金融的结合,万达实现了从传统商业向多元化、数字化商业的转型,并增强了企业的竞争力和抗风险能力。

企业在面对新的监管和政策环境时,往往需要迅速调整和适应,以确保其业务的连续性和竞争力。在这种情况下,并购成为一种有效的策略,因为新的监管政策可能会对企业的业务模式、运营成本和合规要求产生重大影响。例如,环保法规的收紧通常会迫使高污染企业寻找清洁技术,而金融行业的监管变化可能要求更高的资本充足率。对于资源有限的小型企业,单独适应这些变化往往既昂贵又耗时。

通过并购,企业可以快速获得应对新监管要求所需的资源、技术和能力。比如,面对环保法规的严格要求,高污染企业可以并购拥有先进环保技术的公司,快速实现技术升级,从而使其符合新的监管标准。金融机构可以并购具有良好合规记录和经验的公司,以便迅速提升自身的合规能力,满足更严格的监管要求。一些行业的新监管政策可能要求更高的市场集中度和竞争力。通过并购，企业可以快速扩大市场份额和客户基础，提高竞争力。

谷歌在 2014 年收购 Nest Labs，就是一个为了应对监管和政策变化，适应新环境而进行并购的典型案例。

21 世纪初，面对智能家居市场的快速崛起，全球各国开始陆续制定针对智能家居设备的监管政策，包括数据隐私保护、设备互操作性和能源效率等方面的要求。谷歌意识到，要在这一新兴市场中占据一席之地，仅凭内部研发已无法跟上市场的节奏和政策的变化，故将目光投向了 Nest Labs。这家公司不仅在技术创新方面领先，还在市场上树立了良好的品牌形象和用户口碑。更重要的是，Nest Labs 在应对新监管政策方面展现出了强大的适应能力，特别是在数据隐私和能源效率领域的领先技术，使其成为谷歌理想的并购对象。

2014 年 1 月，谷歌宣布以 32 亿美元的价格收购 Nest Labs。这一消息在科技界引起了轩然大波，也标志着谷歌正式进军智能家居市场。并购完成后，Nest Labs 保持独立运营，其创始人托尼·法戴尔继续担任 CEO。这一安排不仅确保了 Nest Labs 的创新文化得以延续，也为谷歌提供了宝贵的管理经验和市场洞察。

在监管政策不断完善的背景下，通过并购来应对这些变化、适应新环境已成为各国企业的常见策略。以中国为例，为了响应国家对钢铁行业的监管政策，推动行业的可持续发展，中国在国企改革过程中进行了大量并购活动。特别是在 2023 年，随着国企改革的深入推进，国有控股上市公司并购重组的效率显著提高。例如，中国宝武钢铁集团有限公司通过并购重组，不仅提高了行业集中度，还优化了资源配置。

在美国，2008 年金融危机后，政府加强了对银行业的监管。因此，许多银行选择通过并购来满足新的资本要求和监管标准。比如，摩根大通收购了贝尔斯登和华盛顿互惠银行，扩大了业务规模，同时也提高了资本充足率，以满足监管要求。

在欧洲，欧盟会对企业并购进行严格的反垄断审查。为了避免反垄断调查，一些企业选择主动进行并购调整。例如，谷歌在2012年收购了摩托罗拉移动，以增强其在移动设备市场的竞争力，但也因此面临欧盟的反垄断调查。为了应对这一局面，谷歌后来又出售了摩托罗拉移动的部分业务。

到笔者撰写本文时，无人驾驶汽车已逐渐进入人们的生活，武汉的"萝卜快跑"项目运营已成为热门话题之一。与此同时，针对无人驾驶的监管政策也陆续出台，例如，《北京市自动驾驶汽车条例（征求意见稿）》正在征集意见，征集时间为2024年6月30日至7月29日。全国各城市的监管政策法规将相继出台，新政策在给一些行业带来巨大挑战的同时，也带来了巨大的机遇。为抓住机遇和应对挑战的并购，想必正暗流涌动，并将渐成趋势。

中篇
并购的过程

第五章　并购前的准备

明确并购目标

并购目标，是企业期望通过并购所达到的具体成果、成效或目标。这些目标可能源自企业的商业计划或发展战略中必须达成的特定目标，可以是阶段性目标，也可以是长期目标，如市场扩展、技术获取或成本节约等。并购是实现这些战略目标的一个重要步骤，而不是独立的企业行为。比如，某企业的商业计划中有一项是进入新的市场领域。为了实现这一目标，该企业可能会选择并购一家已经在该市场中拥有一定份额的公司。通过这种方式，并购目标与企业的整体战略紧密结合，确保并购行为能够有效推动企业的发展。

特别重要的是，并购目标将作为后续制订并购计划书的首要部分，没有该目标，则并购战略和计划就不可能存在。

在无数成功的并购案例中，并购目标都是清晰明确且与企业商业计划或战略匹配的，如阿里巴巴并购优酷土豆，其并购目标是获取视频内容平台，扩展数字娱乐市场。腾讯并购 Supercell，并购目标是获取全球领先的手游开发商，以提升自身在全球游戏市场的影响力。吉利收购沃尔沃，并购目标是获取高端汽车品牌和先进技术，以提升自身品牌价值和技术水平。Facebook 收购 Instagram，并购目标是获取快速增长的图片分享平台、用户群体和相关技术，以扩展社交媒体市场份额。谷歌收购 YouTube，并购目标是获取视频分享平台和用户群体，以增强数字广告和内容分发能力。亚马逊收购 Whole Foods，并购目标是通过进入线下零售市场，扩展其在食品杂货领域的影响力。

为什么要明确并购目标？

首先是要确保这些目标与企业的商业计划或发展战略相匹配。比如，吉利汽车在 2010 年以 18 亿美元收购沃尔沃汽车，目的是实现其在可持续发展战略中的目标，通过引进沃尔沃的先进技术，特别是在安全性和环保方面的技术，提升企业在新能源汽车市场的竞争力。这种战略匹配可以保证并购行为是支持企业的长期发展目标的，并能推动企业整体战略的实施，避免并购行为破坏企业的整体战略。

其次，明确并购目标有助于企业更好地分配资源，将精力集中在最关键的方面。谷歌在 2015 年以约 5 亿美元收购了 DeepMind，目的是获取其领先的人工智能技术，从而提升自身的研发能力。前期对该目标的明确，确保了在后续的并购和整合流程中将资源集中在技术整合和研发人员的协作上，最大限度地发挥并购的效益。最终，谷歌将 DeepMind 的 AI 技术应用于改善搜索引擎和优化数据中心能耗，并取得了显著成效。

明确并购目标，还有助于提前识别潜在的风险，并采取措施应对。例如，沃尔玛在 2018 年以 160 亿美元收购印度电商巨头 Flipkart。通过明确并购目标，沃尔玛可以提前识别并解决文化差异、供应链整合等潜在问题，从而降低了并购带来的风险。沃尔玛通过加强与 Flipkart 的协同合作，解决了在印度市场中的物流和法规挑战，实现了市场的快速扩展。

明确的目标还能帮助企业在并购后更快实现协同效应，从而提高整体效益。例如，雀巢在 2017 年收购加拿大植物食品公司 Sweet Earth，目标是扩展其健康食品产品线，以满足市场对健康食品日益增长的需求。明确这一目标后，雀巢能够迅速整合双方的生产和营销资源，在更短的时间内推出新产品，如植物基汉堡和早餐食品，满足市场需求，提升整体效益。

并购目标，其实就是企业商业计划或发展战略中的某个目标，如市场扩展、技术提升、资源整合、人才引进等方面，我们在本书第二、第三、第四章各节就已经罗列了许多并购目标。企业在并购前的准备阶段，明确目标的操作其实是把相对原属商业计划或战略的目标，具体化到能与并购过程相匹配，变成清晰和可量化的目标。

因此，企业明确并购目标的过程，必定包括制定具体目标和设定时间节点等，将目标变为清晰明确的步骤。具体操作方式为：首先，通过明确并购动机来获得定性目标；其次，评估目标企业，为设定时间节点等操作准备数据收集等的工作。

首先要明确进行并购的动机，是为了进入新市场，还是为了获得新技术？这些动机性的目标具有高度的概括性，后续步骤将把概括性的目标一步步变成更具体的目标。

在有了定性目标后，还需要对潜在的目标企业进行全面评估，以便为后续制定具体目标丰富数据和信息。评估包括财务状况、市场地位、技术能力以及文化匹配等方面。潜在目标企业可能有很多家，并且在并购的实施阶段还需要寻找真正的标的企业，因此明确并购目标的活动可能会持续到尽职调查之后。

有了并购动机和目标企业评估后，就要开始设定可以量化和可实现的目标，如增加某一市场的份额、提高技术水平或降低一定的成本。这些可量化目标还要设定时间节点，以明确并购的时间表，并分阶段设定目标，以便在并购过程中随时调整和优化策略。

比如，一家大型制造企业 A，决定并购一家小型科技公司 B。A 的目标是通过此次并购，获取 B 公司的先进技术，提升自身产品的竞争力。在并购前，A 公司明确了以下几个目标。一是技术整合：在并购后的一年内，完成 B 公司技术与 A 公司产品的整合。二是提升市场份额：在并购后两年内，通过新技术提升产品竞争力，将市场份额提高 5%。三是成本节约，通过整合研发资源，在三年内降低 15% 的研发成本。

在技术快速发展的当下，企业并购变得日益频繁。在一个由人工智能、机器人、自动驾驶和 AI 生成内容等前沿技术迅速改变的世界中，企业面临着更加激烈的进化和淘汰压力。我猜想，未来的并购目标将更多地聚焦于整合这些新技术，以保持竞争力和市场适应性。

组建专业团队

2019 年 3 月，华特迪士尼公司以 713 亿美元成功收购了 21 世纪福克斯的部分资产。这一并购案是娱乐行业历史上规模最大的交易，涉及的资产包括福克斯的电影和电视制作公司、国家地理频道、FX 频道等。

为了顺利完成这项复杂的并购，迪士尼组建了一个专业的并购团队，成员来自多个领域，包括法律、财务、运营、市场和人力资源等。团队中的并购项目经理主要负责并购项目的整体协调和管理，以确保各部门之间的沟通和合作顺畅。法律顾问团队负责审查和起草并购协议，处理法律尽职调查，以确保并购过程符合相关法律法规，主要成员包括内部法律顾问和外部法律事务所，如斯凯登律师事务所。财务顾问团队负责财务尽职调查，评估福克斯的财务状况和资产价值，主要成员包括内部财务专家和外部投行顾问，如摩根士丹利和花旗银行。运营专家团队负责评估并购后两家公司业务整合的可行性和潜在挑战，制订整合计划，主要成员包括运营管理部门的高管和外部管理咨询公司，如波士顿咨询公司（BCG）。市场和品牌专家团队负责评估并购对市场和品牌的影响，制定品牌整合策略，主要成员包括市场部的高管和外部市场研究机构。人力资源团队负责评估并购对员工的影响，制订员工整合和文化融合计划，主要成员包括人力资源部的高管和外部人力资源咨询公司，如美世咨询公司（Mercer）。

  迪士尼组建并购团队，是为了完成并购过程中十分复杂且专业的一系列任务。专业团队能够提供全面的知识和技能，并确保每个环节都能得到妥善处理。这些任务会在并购过程中的不同阶段出现，如法律和财务顾问团队进行了全面的尽职调查，审查了福克斯的合同、财务报表、法律纠纷、知识产权等，确保所有潜在风险都被识别和评估。法律顾问团队还负责并购协议的起草和修订，财务顾问团队提供支持，确保迪士尼在交易中能获得有利的条款。此外，专业团队中的谈判专家负责与福克斯进行深入谈判，讨论交易的各个细节，包括价格、支付方式、资产划分等，力求达成对迪士尼最有利的协议。谈判过程中，团队成员充分运用他们的法律、财务和商业技能，来确保交易公平合理，并最大限度地减少潜在风险。此外，运营专家团队制订了详细的业务整合计划，市场和品牌专家团队设计了品牌整合策略，人力资源团队则负责员工整合和文化融合，而并购项目经理负责协调整个并购过程中的沟通与管理，以确保各部门和外部顾问之间的信息流畅，并解决遇到的问题。

  通过组建专业的并购团队，迪士尼成功完成了对21世纪福克斯的收购。

  企业启动并购流程并明确并购目标之后，组建专业团队的原因包括通过团队汇集并购所需的专业知识和技能，应对诸多风险的管理，进行详尽的尽职调查，进行专业且艰巨的谈判，制订并购后的整合计划，尽量提高耗时漫长的并购过程的效率等。

并购过程涉及法律、财务、税务、运营和战略等多个领域。专业团队中的成员各有所长，能够提供全面的专业知识和技能，确保并购过程的每个环节都能得到妥善处理。

并购涉及许多潜在的风险，包括法律纠纷、财务风险、文化冲突等。专业团队能够识别和评估这些风险，并制定相应的应对策略，从而降低并购失败的可能性。

尽职调查是并购过程中必不可少的一步。专业团队可以进行深入的财务、法律、运营和市场调查，确保目标企业的各方面情况都被充分了解，从而做出明智的决策。并购谈判是一个复杂且关键的过程。专业团队中的法律和财务专家可以为企业争取最佳的交易条件，以确保并购的条款对企业有利。

并购成功后，整合工作同样重要。专业团队可以制订详细的整合计划，来帮助新旧企业运营、文化、系统等的顺利融合，从而可以确保并购后业务的连续性和稳定性。

并购过程通常耗时较长且复杂。专业团队应提高工作效率，确保每个环节按时完成，避免因拖延导致的机会成本和其他潜在问题。

制订并购战略和计划

2006年，迪士尼决定以74亿美元的股票交易并购皮克斯。这一决定基于明确的并购目标和详细的计划。迪士尼希望通过并购皮克斯，强化其创意实力，将皮克斯的创意天才与自身的资源相结合，提升整体动画制作能力。同时，迪士尼也希望通过这次并购，提高自身在动画电影市场的竞争力。皮克斯的技术和人才将为迪士尼带来新的活力和创新动力。

在制订并购计划时，迪士尼考虑了几个关键问题。第一，他们确定了需要在全球动画电影市场上竞争，特别是在计算机动画领域。第二，迪士尼计划通过并购皮克斯，将其创新文化和技术优势融入自身运营中，以提升整体竞争力。第三，迪士尼相信，通过结合皮克斯的创意与自身的品牌和发行网络，他们能够创造出更多受观众喜爱的动画电影，从而满足全球观众的需求。第四，经过评估，迪士尼认为并购皮克斯比内部研发或与其他公司合作更加快速和有效，能够最快速地增强自身动画制作能力和市场影响力。这次并购的成功在很大程度上得益于事先精心制订的并购计划，这一计划在整个过程中发挥了关键的作用。

对于任何试图通过并购来达成某项商业或战略目标的企业来说，并购的成功取决于聚焦、理解和遵守一项考虑周全且可行的商业计划。并购只是实施商业战略的众多选择之一，其决定通常基于获得控制权或认为并购比其他方式能更快地达成预期目标。一旦企业明确了并购目标，并确定并购对实现商业计划中的战略方向至关重要，就应该制订一份并购计划。

并购计划是一种特定类型的执行战略，专注于战术和短期行动，而不涉及长远的战略规划。这一计划通常由一位"交易负责人"来制订和监督，该负责人是由公司高层选派的经验丰富的高级管理者，他可能担任全职或兼职角色。此人在业务发展方面具有深厚的经验，将负责指导被并购企业的日常管理及其后续的整合工作。

一个完整的并购计划应包括管理目标、资源评估、市场分析、高层在并购过程中的指导、时间表及各个任务的负责人。这些要素及寻找并购目标的标准，应在并购流程启动时就明确设定，以确保并购计划的各个方面都能得到系统的考虑和规划，从而为整个并购过程打下坚实的基础。

在并购计划中，并购目标也可被称为"并购计划目标"或"并购计划书目标"，它是整个并购计划中的首要组成部分，定义了并购的战略意图和预期成果,为并购提供了方向和焦点,要确保所有后续活动和决策都是为了达成这些设定的目标而展开的。

并购计划的目标应该与企业战略目标保持一致。财务和非财务目标应该为公司的商业计划目标提供支撑,同样也应该量化,包括目标预期实现的日期。

并购计划目标,实质上构成了一个多元目标集,涵盖了详尽的财务与非财务目标。在财务方面,如设定具体的回报率目标,规定在特定时间内达到的最低回报率,通常这一目标的设定要高于公司当前业务的水平,以反映并购带来的潜在风险与收益。运营利润、收入与现金流目标,设定并购后一定期限内企业应达成的具体财务指标,如收入增长和运营效率提升。风险考量目标,评估并购如何影响公司的财务结构和长期资金安全,涉及负债水平和资本成本的风险考量。

在非财务目标方面,如知识产权的获取目标,通过并购获得关键的专利、版权或商标,助力公司在技术或市场上取得竞争优势。市场与产品扩展也是重要目标,通过并购已有市场网络的公司快速进入新市场或增加市场份额。再如开发新的分销渠道目标,利用并购增强公司在现有或新市场中的分销能力,提升产品市场渗透率。在战略重要地区或领域,目标还包括扩充生产能力,支持公司的长期增长。另一个重要的非财务目标是通过并购引入先进技术、流程和研发能力,以加速产品创新和服务改进,推动企业持续发展。

通过设定这样的目标集,公司能够确保并购活动符合其战略发展方向,并能有效地推动业务增长和创新。

当微软公司在 2016 年收购 LinkedIn 时,其财务目标包括利用 LinkedIn 的数据和网络加强其在专业服务和云计算市场的地位。非财务目标则包括通过 LinkedIn 的社交网络平台增强微软的产品生态系统,以及利用

LinkedIn 的人才数据库优化人力资源管理。这些目标的制定和实现，使并购活动不仅符合微软的财务增长目标，也加强了其市场和技术领导地位。

在制订并购计划书时，资源和能力评估是极为关键的内容之一。这一过程涉及确定高层管理者愿意为并购交易承诺的最大企业资源。例如，如果一家技术公司打算收购另一家初创公司以获得其专利技术，高层管理者需要评估并确认是否有足够的流动资金或是否需要通过发行新的股票来筹集资金。这些资源不仅包括超过正常运营所需的现金流，还可能包括通过股本和债务市场筹集的资金，甚至包括出售与并购战略不符的资产所得的资金。这些信息将在寻找并购目标之前设定，以帮助企业明确潜在并购目标的选择标准。

在实际操作中，如果并购所带来的收益超过了资金成本，通常意味着可以为并购获得充足的资金。例如，一个制造业巨头可能考虑收购一个小型供应商以减少成本并提高供应链效率。如果预计通过整合可以节省的成本超过了并购的总成本，那么这项并购就被视为财务上划算的。在这一过程中，高层管理者的风险容忍度起着决定性作用，因为他们的风险偏好将决定是否愿意投入大量资金进行并购。

并购涉及多种类型的风险，包括运营风险、财务风险以及过度支付风险。运营风险强调买方管理被收购公司的能力，特别是当被收购公司的业务与并购方的核心业务不同时，这种风险尤为显著。例如，如果一家主要从事消费电子销售的大型零售商收购了一家专注于食品分销的公司，运营风险会因业务不相关而增加。

财务风险涉及通过借贷完成交易的能力以及股东是否愿意接受短期内每股收益被摊薄的情况。以一家大型医药公司为例，该公司可能通过大额借款来完成对另一家生物技术研发公司的收购，借款额可能远超其年度营业额。在这种情况下，公司必须保证其信用评级不受影响，同时要确保不会因为高额的借贷成本而压缩利润空间。过度支付风险则涉及支付金额远超被收购公司的经济价值，可能会导致每股收益摊薄或增长率下降的长期影响。例如，如果一家大型软件公司过度评估了一个小型技术创新公司的市场潜力，并为此支付了高额购买价格，可能会导致其长期财务表现受到负面影响。

并购计划中的重要部分之一是管理层指导，以确保整个收购过程受到严格控制并符合管理层的风险容忍度。管理层需要在并购流程的早期阶段提供指导，以促进顺利执行并避免沟通不畅或执行不力的情况。

管理层通常会提供指导，帮助设定评估潜在收购对象的标准，如企业规模、价格区间、盈利状况、增长潜力、地理位置及文化兼容性等。例如，一家跨国公司在寻求收购时，可能会特别注重目标公司的地理位置和市场增长率，以确保新的业务能够无缝融入现有的全球网络。

管理层也会建议制定寻找潜在收购对象的方法，这可能包括咨询董事会成员、分析竞争对手，通过经纪人、投资银行、律师事务所及商业媒体等进行搜寻。在这一过程中，还包括确定并购团队的角色和责任，并决定是否使用外部顾问及团队预算的具体数额。

关于融资来源，管理层可能会建议探索包括发行股票、银行贷款、无抵押债券、抵押融资或出售资产等选项，并讨论收购资产或股票的优先顺序及支付方式。在某些情况下，如当公司计划通过发行新股来筹集资金进行战略性收购时，这一点尤为重要。

管理层还会考虑设定商誉的可接受范围，即愿意支付的超出目标公司净资产的价格部分，以及确定是否开展部分收购或发动敌意收购。他们还会讨论在收购中可承受的财务限度，如价格与税后收益的比例、息税前收益或者现金流倍数等。

管理层还需要决定并明确是否寻求与现有业务相关的收购，或探索与现有业务不相关的新机会。这种决策将直接影响并购的战略方向和最终的组织结构。

并购计划中还包括精确的时间表，这个时间表不仅概述了并购过程中必须发生的所有关键事件，还为每个事件设定了明确的开始和结束日期，以及与之相关的所有里程碑。此外，时间表还会明确指出哪位负责人需要确保每个里程碑的按时完成。

例如，在一家大型软件公司收购小型科技创新企业的案例中，时间表可能包括初步谈判、尽职调查开始和结束的具体日期、融资安排的完成时间，以及最终合并操作的执行日期。在此过程中，每一个阶段都有一个项目经理负责监督和推进，以确保整个并购按计划顺利进行。

理想的时间表应该是雄心勃勃而又切实可行的，它应该激励所有参与者尽快地实现计划中的管理目标。同时，制定时间表时应避免过于乐观的预期，这样可以减少因不可预见的事件延误关键进度，避免因达成里程碑的延迟而影响团队的士气和工作效率。

本节详细探讨了并购计划书中的重要内容，主要聚焦于买方的计划。在并购交易中，买方和卖方的并购计划各有其独特的目标和内容。买方的并购计划通常涉及识别和评估潜在的收购目标、制定详尽的财务和战略目标以及规划并购后的整合流程。这包括融资方式（如股权、债务或内部资金）、预期的并购收益以及并购后的运营和文化整合管理。

卖方的并购计划则主要着眼于提升公司的市场吸引力、确定最佳的出售时机、评估潜在买家，并力求最大化销售价格。这通常包括进行必要的财务和法律审查以解决可能影响交易的问题，通过改善财务报表或调整业务结构来提升企业价值。此外，卖方还会关注并购后可能引起的税务问题及资金或投资回报的处理方式。

本节讨论了买方的并购计划，尽管并未涵盖计划书中的所有方面。一个典型的买方并购计划应该包含以下几个关键部分：

（1）计划目标。明确并购的具体目的，如降低成本、获得新客户、扩展分销渠道、增加产能等，这些目标应支持公司的商业战略。

（2）资源和能力评估。帮助确定买方完成收购所需的财务和管理能力，包括支付的最大可能金额及其来源。

（3）时间表。不仅包括完成并购的关键日期，还应涉及后续整合的阶段。这样的时间安排可以确保所有关键活动都有明确的起止点和责任人。

（4）管理层指引。阐述了买方在进行友好收购或控股收购时，使用的资金结构如股票、债务或现金的优先顺序。

（5）搜寻计划。描述了如何确定和接触潜在的并购目标，包括制定评估标准和初步接触的策略。

（6）谈判策略。详述了如何构建满足所有相关方基本需求的交易结构，涵盖并购工具、支付方式以及税务处理。

（7）决定初始报价。基于对目标企业及其与买方的协同效应的详细财务预测，确定合理的价格区间。

（8）融资计划。确保所提议的报价能够得到资金支持，同时不会对合并后的企业的信用状况或财务健康造成负面影响。

（9）整合计划。关注并购后的融合过程，识别潜在难点和制定相应的解决策略，同时为财务并购者提供可能的退出策略。

融资结构与资金筹措

竞购，是指在企业并购或资产交易的过程中，多个买家同时对同一个标的公司或资产进行竞争性出价的过程。这种情况通常发生在卖方决定将公司或资产出售给出价最高或条件最优的买家时。竞购通常会推高目标公司的最终收购价格，因为多个买家之间的竞争会导致出价不断提升。

在竞购过程中，潜在买家不仅需要提出有竞争力的价格，还要在其他交易条件上，如付款方式、交易时间表、融资安排等方面表现出足够的吸引力，以赢得卖方的青睐。

蒙牛乳业在2016年竞购现代牧业的案例，是中国乳业史上一个极具代表性的并购事件。蒙牛此举的主要目标是通过掌控上游原奶资源，进一步提升其在乳制品市场的竞争力，并巩固其在产业链中的主导地位。现代牧业是中国最大的奶牛养殖公司，拥有庞大的优质原奶生产基地，这对蒙牛这样以乳制品加工为核心业务的企业来说，具有战略性的吸引力。

在这场并购中，蒙牛并非唯一的竞购者。由于现代牧业在原奶供应领域的领先地位，引发了多家国内外乳业巨头的关注，竞购过程因此异常激烈。竞购各方都意识到，谁能够掌握现代牧业，谁就能在中国乃至全球的乳制品市场中占据更有利的位置。激烈的竞争促使出价不断攀升，最终形成了一场资本与策略的较量。

蒙牛能够在众多竞购者中脱颖而出，成功的关键在于其强大的融资结构和资金筹措能力。面对高额的竞购报价，蒙牛并没有单纯依靠自有资金，而是通过设计复杂而稳健的融资结构，整合多种融资渠道，包括银行贷款、发行债券以及股权融资，确保了充足的资金支持。此外，蒙牛在资金筹措上的高效执行力也是其成功的重要因素。蒙牛的管理层迅速行动，与多家金融机构展开密切合作，及时筹集到了所需资金，确保在竞购关键时刻能够迅速应对竞争对手的出价。

通过这次并购，蒙牛成功将现代牧业纳入了自身的产业链，实现了从原奶生产到乳制品加工的全产业链布局，从而大幅提升了企业在行业中的竞争力。

在并购的语境下，融资结构通常包括如何选择和安排用于并购的各种融资工具，如通过发行股票筹集资金、借款、发行债券，或者通过内生性资金，如留存收益来支付并购费用。企业会根据交易的规模、目标公司的财务状况、市场环境等因素，设计最有利于实现并购成功的融资结构。

在并购前的准备阶段，融资结构与资金筹措是至关重要的准备内容，因为它们直接影响着并购的成败和企业的财务健康。

企业并购通常涉及大量的资金投入，尤其是在竞购激烈的情况下，资金需求可能会大幅增加。如果企业在并购前没有妥善规划融资结构并确保充足的资金来源，可能会导致在竞购过程中失去竞争力，甚至导致并购失败。合理的融资结构可以帮助企业以更低的成本获取所需资金，并确保并购所需资金能够按时到位。

融资结构的设计直接关系着企业的资本成本和财务风险。不同的融资工具（如债务、股权、混合融资等）有不同的成本和风险特征。通过精心设计融资结构，企业可以在资本成本与财务风险之间取得平衡，从而在并购后保持财务稳定性。如果融资结构设计不当，可能会导致过高的债务负担或股权稀释，进而影响企业的运营和未来发展。

资金筹措的及时性和有效性是确保并购顺利进行的关键。并购通常需要快速响应市场机会，尤其是在面对其他竞争者时，资金筹措的效率将直接影响企业的谈判地位和并购的成功率。高效的资金筹措可以让企业在并购过程中处于主动地位，从而及时锁定交易机会。

融资结构和资金筹措能力还影响着并购后的整合和长期运营。一个良好的融资安排可以为企业在并购后提供足够的财务灵活性，并支持业务整合和后续发展。如果资金筹措不足或融资结构不合理，可能会对并购后的整合和运营产生负面影响。

在并购之前，为了确保融资结构与资金筹措方面的准备充分，企业应该采取以下几个关键步骤：

（1）确定资金需求。企业需要明确并购交易所需的总资金。这不仅包括支付给目标公司的收购价，还要考虑其他费用，如尽职调查费用、法律顾问费用、税费以及整合后的运营资金需求。准确的资金需求评估是制订融资计划的基础。

（2）选择合适的融资方式。根据企业的财务状况、资本结构和市场环境，选择合适的融资方式。常见的融资方式包括股权融资、债务融资、混合融资（如可转换债券）等。股权融资可以避免增加企业的债务负担，但可能会导致股权稀释；债务融资虽然可以保持现有股权结构，但会增加企业的债务负担。因此，企业应权衡各融资方式的优缺点，选择最适合当前交易和未来发展的融资组合。

（3）设计合理的融资结构。融资结构的设计应考虑资本成本、财务风险和企业的长期战略。企业需要根据预期的现金流、利率环境以及财务目标，决定在股权与债务之间的比例。合理的融资结构能够平衡成本与风险，从而保持企业的财务健康和灵活性。

（4）确保资金来源的多样性与可靠性。企业应在并购前与潜在的资金提供者（如银行、投资者、金融机构等）建立联系，并商讨具体的融资条件。多样化的资金来源可以降低融资风险，并提高资金筹措的灵活性和可靠性。此外，企业还应尽量提前落实部分融资协议，以确保资金能够按时到位。

（5）制订应急资金计划。并购过程中的不确定性较高，企业应制订应急资金计划，以应对可能出现的资金需求变化或市场条件波动。应急计划可以包括准备备用的信贷额度、保持一定比例的现金储备，或者提前商讨备用融资渠道。

（6）进行财务压力测试。在最终确定融资结构之前，企业应进行财务压力测试,以模拟不同市场环境下的财务表现。通过压力测试,企业可以评估融资结构在各种情况下的表现,识别潜在的财务风险,并进行相应的调整。

(7)组建专业的融资团队。并购中的融资结构设计和资金筹措工作需要专业知识和经验,企业应组建或引入一支专业的融资团队,包括财务专家、法律顾问、银行家等。这支团队将负责具体的融资安排、与资金提供者的谈判以及整体资金管理。

第六章 如何寻找并购标的

行业分析与筛选

X公司是一家在全球具有广泛影响力的互联网科技企业,为了进一步巩固其在行业内的领先地位,拓宽业务领域,决定通过并购来实现战略目标。在明确了并购目标并组建了并购团队后,下一步就是通过行业分析与筛选流程来确定一些潜在并购目标。潜在并购标的可能不止一个,而筛选潜在并购目标是在一些筛选标准下进行的,这些标准包括但不限于行业和交易规模,如将搜寻限定在某个地域里。X公司的筛选标准并不复杂,以便获取更多潜在并购标的。

潜在并购标的是通过进行行业研究与市场分析,以及从多个其他渠道获取的。X公司团队对全球科技行业进行了全面的研究,重点关注人工智能和物联网领域的发展趋势、市场规模、竞争格局等方面,发现在人工智能领域中,一些初创企业在自然语言处理和图像识别技术方面具有独特的优势。在物联网领域,寻找到了一些规模适当且在特定垂直行业(如智能家居、工业物联网)有深度积累的公司。团队还与多家知名的投资银行和咨询公司合作,以获取它们推荐的潜在并购标的名单,同时,充分利用商业数据库,筛选出符合初步条件的公司,包括财务状况良好、业务增长潜力大、技术团队实力强等。在行业分析期间还对主要竞争对手的投资和并购动向进行了密切跟踪，发现竞争对手正在关注一些在人工智能芯片领域有创新成果的公司。此外，团队通过与现有合作伙伴的交流，了解到有一家合作企业的关联公司在物联网数据安全方面有出色的解决方案。团队还通过 LinkedIn 等社交媒体平台，关注行业专家和相关企业高管的动态，从中获取了一些尚未被广泛关注但具有潜力的创业公司信息。

经过以上一系列的努力，X 公司最终确定了多个潜在并购目标，如 A 公司，一家专注于自然语言处理的人工智能初创企业，拥有多项专利技术和优秀的研发团队；B 公司，在物联网智能家居领域具有成熟解决方案和一定市场份额的中小企业；C 公司，致力于工业物联网安全的创新型公司，其技术能够有效防范网络攻击；D 公司……

接下来，X 公司将对这些潜在并购目标进行深入评估，使用更多标准以缩短潜在并购标的名单，并通过其他流程确定最终的并购对象。

搜寻潜在并购目标，需要设定理想标的的基本选择标准，如所希望并购标的所属的行业和其在市场中的地位，标的企业的规模和财务状况，以及交易规模，包括对最大收购价格的定义，这可以通过多种财务指标来衡量，如市盈率、市净率、价格与现金流比值的最大值，或直接用金额表示的最大收购价格。其他标准，如地域限制，企业可能希望将并购目标限定在特定的地理区域内，以便更好地管理和整合资源。基本选择标准不一定要非常多且详细，以便获得更长的潜在标的企业名单，从而为后续评估储备更多潜在标的。

设定了选择标准后，下一步就是通过多种渠道获取潜在并购目标企业。

通过行业研究与市场分析来确定并购目标的范围并搜寻潜在标的。实际上，企业预先明确的并购目标，已经初步勾勒出了搜寻潜在标的的行业范围。比如，规模经济、市场支配力和资源整合等横向并购目标，限定了同行业或相近行业的搜寻范围；纵向并购目标则限定了上下游企业的搜寻范围，混合并购目标则不需要限定在特定的行业内，而是可以在广泛的行业和市场中进行搜索，考虑多元化经营潜力、市场和技术互补性等其他因素。

行业研究与市场分析实际上是在行业内筛选潜在标的。我们看到，在许多并购案例中，被并购企业名不见经传，只是通过并购活动才浮出水面，进入大众视野。并购企业能够选中这些标的企业，正是其进行深入行业分析的结果。例如，亚马逊收购的 Kiva Systems，这家机器人公司在被收购前鲜为人知；思科收购的 Duo Security，一家小型网络安全公司；苹果收购的 AuthenTec，这是一家指纹识别技术公司；微软收购的 Mojang，开发了知名游戏《我的世界》的小公司；谷歌收购的 Nest Labs，一家智能家居设备制造商；IBM 收购的 SoftLayer，一家云基础设施提供商；Adobe 收购的 Behance，一个在线创意平台；英特尔收购的 Altera，一家可编程逻辑设备公司；京东收购的五星电器，这是一家区域型的家电零售企业；快手收购的 A 站，一个二次元弹幕视频网站；携程收购的去哪儿网，一家在线旅游服务平台；小米收购的紫米电子，一家专注于智能硬件的公司；顺丰收购的嘉里物流，一家在物流领域有一定规模但知名度相对不高的企业。这些案例中，标的企业在被收购前都不为大众所熟知，但通过深入的行业分析和市场研究却被找到了。

除行业分析外，还有许多其他途径可以获取到潜在并购标的企业。比如，利用内部资源和现有网络，因为内部团队在这个过程中扮演着关键角色，尤其是那些深谙行业和市场动态的员工，他们可以通过现有的客户、供应商和合作伙伴网络，识别出潜在的并购机会。此外，内部的创新和研发部门也能提供宝贵的见解，帮助识别那些拥有前沿技术或产品的企业。利用这些内部资源，企业可以在早期就发现并购标的，抢占先机。

除了内部资源，行业内的公开信息和数据库也是搜寻潜在目标的重要工具。企业可以通过行业报告和市场研究，来了解行业的最新动态和发展趋势。使用万得（Wind）、东方财富 Choice 金融终端、Bloomberg、Capital IQ 等数据库，能够迅速获取大量企业的财务数据和运营信息，从而筛选出符合并购标准的潜在标的。对竞争对手和市场动态的分析，能进一步帮助企业判断标的企业的市场地位和发展潜力，从而做出更明智的决策。

通过行业协会和商业会议获取信息，是另一个有效的搜寻途径。加入行业协会，不仅可以获得行业内的最新资讯，还能通过与同行的交流，发现潜在的并购标的。参加行业会议和展览，则能提供与潜在标的企业直接接触的机会。通过建立联系和网络，企业可以获取第一手的信息，并迅速作出反应。

同样，利用专业咨询公司和中介机构的服务，可以极大地提高并购效率和成功率。它们通常拥有广泛的网络和丰富的经验，能够提供有价值的潜在标的信息。

此外，竞争对手的动态往往能揭示一些潜在的并购机会。如果竞争对手通过并购实现了业务的扩张或转型，那么企业可以考虑采取类似的策略。合作伙伴也是潜在标的的重要来源。双方在合作过程中可能发现彼此具有很强的互补性，从而产生并购的想法。

社交媒体和网络平台也是重要的潜在标的信息源。比如，利用 LinkedIn 等社交媒体平台，关注行业专家和企业高管的动态，有时能从中发现一些有价值的线索。

潜在标的评估

张先生是一家大型电子制造公司的总经理，公司近年来发展迅速，市场份额不断扩大。为了进一步提升市场竞争力，公司决定进行一次并购，以拓宽业务范围和提升技术实力。

在初步筛选阶段，张先生的团队通过简单的标准，如交易规模、行业相关性和基本财务状况等，筛选出了数十家潜在标的企业。然而，这个名单过于庞大，难以进行深入评估。于是，张先生决定采用更为细致的筛选标准，来进一步缩短潜在标的名单。

张先生首先关注市场细分，希望能够在智能家居领域找到合适的标的。通过限制目标市场，只选择制造智能音箱的企业，他迅速缩短了候选名单。同时，他还考察了这些企业的产品线，特别是那些专注于高端市场的企业，以确保其产品能够与公司现有业务形成互补。

在财务方面，张先生对各企业的盈利水平进行了详细分析，选择了那些销售额在5亿元以上、税后收益超过3000万元的企业。除此之外，他还考虑了杠杆率，剔除了那些负债过高、可能影响公司合并后信用评级的企业。

市场份额也是张先生重点考察的标准之一。他更倾向于那些在细分市场中占据领导地位的企业，这样的企业不仅在市场中具备较强的竞争力，还能为公司的品牌带来积极影响。

通过一系列严格的筛选，张先生最终将初始的潜在标的名单缩减到只剩下几家企业。这些企业不仅在市场、产品线、财务状况等方面符合公司的预期，还在管理团队、技术能力、客户基础等方面展现出了强大的潜力，有望从中找到最合适的并购目标。

在筛选潜在并购标的时，由于采用的基准较为简单，所以初始的潜在标的名单可能相当长。对这些潜在目标的评估其实是进一步的筛选，是对初步搜寻流程的完善。具体做法是设定更多条件，过滤获得的潜在标的企业。换句话说，我们在搜寻潜在并购标的时，所用的简单标准是一个粗筛子，会选出很多潜在标的企业。在潜在标的评估这一步，将使用更多标准，一个更细密的筛子，以缩短最初的名单。不过需要注意，筛选标准不能过多，因为标准过多会严重限制通过筛选流程的候选人数量。

本节提供了 12 个选择标准可供参考。根据不同的并购目标，可以选择相应的标准，但通常不必使用全部 12 个标准，否则可能会过滤掉过多的目标企业。以下是这些选择标准的详细说明，如果可能，这些选择标准应尽量量化：

（1）市场细分。一个较长的候选名单可以通过限制行业内目标市场而缩短。例如，一家电器制造企业决定进行多元化经营，扩展到智能家居产品领域。基本搜寻条件可以是寻找智能锁制造企业，第二级选择条件可以限定目标市场，只选择制造智能灯泡的企业。

（2）产品线。用于明确目标市场中的特定产品线。例如，一家服装制造企业可以重点选择生产高端户外运动服装的企业。

（3）盈利水平。盈利水平应以收益与销售额、资产或全部投资额的比例定义。这样可以更准确地比较不同规模的候选企业。销售额为 7 亿元，税后收益为 3500 万元的企业，吸引力可能比销售额为 3.5 亿元但收益为 2100 万元的企业低，因为后者看上去效率更高。

（4）杠杆率。负债权益比或负债占总资本的比例，用于衡量杠杆水平或负债水平。例如，收购方可能不想收购一家负债会导致合并后企业杠杆比例影响其信用评级的房地产公司。

（5）市场份额。收购方可能只对目标行业里市场份额第一或第二的企业，或者市场份额明显领先的企业感兴趣。例如，市场份额是排在之后的竞争对手两倍的电子商务公司。

（6）文化相容性。关于一家企业文化的看法，可以从其对未来愿景目标、公司治理活动和企业责任声誉等的公开声明中了解到。例如，企业员工的种族构成可以说明很多问题。收购方需要决定是否能够适应与外国企业交易的挑战,如语言不同、客户群不同等。

(7)管理团队。评估目标企业的管理团队,包括他们的经验、领导能力和对行业的理解。例如,一个强有力的管理团队可能会显著提高企业的成功机会,如拥有丰富市场经验的科技公司高管团队。

(8)技术能力。目标企业在技术研发和应用方面的能力对于高科技和创新型企业来说尤其重要。例如,拥有多项核心技术和专利可供评估的半导体公司。

(9)客户基础。目标企业的客户基础是否稳定且多样化。一个多样化的客户群可以降低市场风险,如拥有广泛客户群的消费品公司。

(10)供应链关系。目标企业与其供应商和合作伙伴的关系是否稳固。这会影响企业的运营效率和成本控制,如与主要供应商保持长期合作关系的制造企业。

(11)法律和合规。目标企业在法律和合规方面的历史记录。例如,是否有未决的法律纠纷或潜在的合规风险,如在环保合规方面无违规记录的化工企业。

(12)环境和社会责任。目标企业在环境保护和社会责任方面的表现。良好的环境和社会责任实践可以提升企业的声誉和可持续发展能力,如积极参与社会公益活动的能源企业。

借助外部顾问和工具

2006年,迪士尼以74亿美元的股票交易方式收购了皮克斯动画工作室。这次并购的成功,很大程度上归功于迪士尼借助了外部顾问和工具。

迪士尼聘请了高盛作为其财务顾问,高盛团队通过详尽的财务分析,帮助迪士尼评估皮克斯的价值，制定交易结构，并协助完成交易谈判，还利用其广泛的行业资源和数据分析能力，帮助迪士尼识别并筛选出符合其战略目标的潜在并购对象。高盛通过其专有的金融数据库和市场分析工具，筛选出了具有高增长潜力和市场竞争力的公司，并对这些公司进行了深度财务和运营分析，其行业专家团队还提供了关于动画与娱乐市场的最新趋势和竞争情报，以确保迪士尼能够做出最有利的并购决策。

迪士尼和皮克斯分别聘请了知名的法律事务所，迪士尼选择了Sullivan & Cromwell，而皮克斯选择了Wilson Sonsini Goodrich & Rosati。这些法律顾问团队在合同起草、法规遵从、知识产权保护等方面提供了专业支持，确保了并购协议的合法性和可执行性，还在并购标的筛选阶段提供了法律风险评估和合规性审查，确保了所选标的符合法律要求并具备可操作性。例如，法律顾问团队对潜在标的的知识产权和合同义务进行了详尽的审查，以帮助迪士尼避免潜在的法律纠纷和财务风险。

在并购过程中，迪士尼和皮克斯使用了数据室（Virtual Data Room）等工具。这些工具能够安全、便捷地共享和审阅海量的商业及财务数据，确保了各方都能对并购对象有全面的了解。在标的筛选阶段，数据室工具帮助迪士尼高效整理和分析了大量潜在标的的相关数据，快速锁定了最具价值和潜力的目标，并通过数据分析功能，帮助迪士尼识别出了财务状况和运营绩效最优的公司。

并购后期，迪士尼借助企业资源规划（ERP）系统和客户关系管理（CRM）系统的帮助，整合了皮克斯的业务流程和资源，确保了两家公司的文化和业务的顺利融合。

在并购过程中，借助外部顾问和工具可以极大地提高效率与成功率。

外部顾问包括财务顾问、法律顾问、战略顾问和行业专家等。财务顾问，如投资银行和独立财务咨询公司，通常会在并购过程中负责初步的标的筛选，通过财务数据分析和市场研究，帮助企业识别最具潜力和价值的并购目标。在尽职调查阶段，财务顾问会深入审查标的公司的财务报表、现金流、债务结构和其他关键财务指标，以确保买方对标的公司有全面的了解。他们还会评估潜在风险，如财务欺诈、财务状况不稳定等，并提出缓解措施。财务顾问还在交易谈判中提供支持，帮助制订最优的交易结构和融资方案，以确保交易的经济合理性和可行性。

法律顾问主要来自大型律师事务所，专门从事并购交易的法律服务，其工作从标的筛选阶段开始，评估标的公司的法律合规情况，包括知识产权、合同义务、劳动关系等。在尽职调查阶段，法律顾问会详细审查标的公司的所有法律文件，识别潜在的法律风险，如未决诉讼、合规问题等。交易谈判过程中，法律顾问负责起草和审查所有的交易文件，以确保合同条款的合法性和公平性，并保护客户的法律权益。在交易完成后，他们还会继续提供支持，以确保并购后的整合过程符合法律要求。

战略顾问通常来自管理咨询公司，如国内知名的和君咨询、正略钧策，以及国际上知名的麦肯锡、波士顿咨询集团（BCG）和贝恩公司等。他们在并购初期帮助企业制定整体并购策略，包括目标市场分析、竞争对手评估和并购目标筛选等，还利用其行业洞察和战略工具，帮助企业评估并购的战略契合度和潜在的协同效应。在尽职调查和交易谈判阶段，他们提供深度的市场分析和战略建议，以确保并购符合企业的长期战略目标。并购完成后，战略顾问还会协助整合规划，以确保新公司的战略方向和组织架构的合理性。

行业专家则提供特定行业的专业知识和见解，他们可以是独立顾问或来自专业机构。在标的筛选阶段，行业专家通过行业数据和趋势分析，帮助企业锁定最具前景的并购对象。在尽职调查阶段，行业专家会评估标的公司的技术能力、市场地位、产品组合和研发管线，以确保企业对标的公司的行业竞争力有清晰认识。交易完成后，行业专家也会提供技术整合、市场策略等方面的支持，以确保并购后的业务能顺利过渡和发展。

在并购过程中，外部工具的使用已经相当广泛。这些工具包括数据分析软件、尽职调查平台、项目管理工具和协同工作平台等。数据分析软件可以快速处理并分析大量财务和运营数据，发现潜在标的的价值和风险。尽职调查平台则能够系统地管理尽职调查流程，确保所有重要信息都被全面审查和记录。项目管理工具和协同工作平台提高了团队的沟通和协作效率，使并购过程更加顺畅和高效。例如，投资银行和独立财务咨询公司通过专有的金融数据库及市场分析工具，帮助企业识别最具潜力和价值的并购目标，并进行深度财务和运营分析。

进入 AI 时代后，技术工具在并购中的应用变得更加智能和高效。以 Thomson Reuters Document Intelligence 为例。这款 AI 驱动的合同和文档分析工具，利用专业律师编辑训练的 AI，能快速提供合同的深入洞察，自动化合同审查，并识别合规风险和关键条款，显著提高效率。另一个案例是 Kira.ai，专门用于合同搜索、审查和分析的机器学习软件，可以自动识别和提取合同中的重要条款，加速合同审查过程，并帮助法律团队和并购专家快速准确地分析大量文档，从而能提高尽职调查的效率和准确性。

AlphaSense 则是一个 AI 支持的搜索引擎，可以发现隐藏的见解和想法，从而为并购中的市场分析和战略决策提供支持。其智能同义词功能和实时数据检索功能可以帮助用户快速获取最新的市场和公司信息，并增强决策能力。Quantifind's Graphyte 平台提供广泛的数据来源，包括全球新闻、制裁名单、公司数据等，利用 AI 进行实体解析和动态风险类型学，可以帮助企业在并购过程中识别和评估相关实体的风险。S&P Global Market Intelligence 的 AI 工具可以帮助用户减少数据管理的时间，提供领域特定的数据和模型，支持估值模型的构建和优化，并提供股息预测、Alpha

因子库、关键发展和文本数据分析等市场洞察。

在并购后的整合阶段，Ansarada 的 AI 平台通过虚拟数据室提供安全的文件存储和共享，并利用 AI 自动化流程和提供智能洞察，确保了整合流程能顺利进行。Intapp 的 AI 工具通过其 DealCloud 平台提供全球并购数据的访问，分析过去、现在和未来的交易数据，支持财务数据评估，帮助用户做出更明智的决策，并识别关键交易参与者。

这些只是 AI 时代中一些典型的并购工具，实际上，市场上的并购工具不止这些，还在不断增加和更新。值得一提的是，在并购活动中，国内也有一些非常优秀的工具和平台。例如，阿里巴巴推出的钉钉（Ding Talk）能够通过其项目管理和协同工作功能，帮助并购团队更高效地进行信息交流和任务管理。深信服（Sangfor）的安全管理平台能够在并购过程中为企业提供全面的网络安全防护，从而帮助企业在尽职调查和整合阶段保护数据安全，防止信息泄露和网络攻击。

汇通达（Huitongda）提供的企业服务平台专注于中小企业的供应链和商业整合，能够为企业提供数据分析、市场洞察和商业整合服务，可以帮助企业更好地进行并购后的整合和运营。启信宝（Qixinbao）提供的全面的企业信息查询和商业数据服务，可以在并购过程中帮助企业快速获取目标公司的工商信息、财务状况、法律纠纷和风险提示，从而为尽职调查提供重要的数据支持。企查查（Qichacha）是一个专注于企业信息查询的平台，能够为并购过程中的尽职调查提供详细的企业信用信息、法律诉讼、股东结构等数据，从而帮助企业全面了解并购目标的实际情况和潜在风险。

第七章　如何与标的方实现并购共赢

建立良性沟通渠道

Facebook 在 2012 年以 10 亿美元的价格收购了 Instagram，后者是一个快速发展的图片分享平台。这次收购不仅帮助 Facebook 进入了移动端的图片社交市场，还进一步巩固了其在社交媒体领域的领先地位。

Facebook 的创始人马克·扎克伯格和 Instagram 的创始人凯文·斯特罗姆在早期就已经建立了一定的联系。这种高层之间的直接沟通为后续的并购打下了良好的基础。

在决定收购之前，Facebook 对 Instagram 进行了深入的研究。除了公开的用户数据和增长率，Facebook 还通过各种渠道了解了 Instagram 的核心团队、用户社区的反应以及竞争对手的动向。

扎克伯格与希斯特罗姆保持了频繁的沟通，两人不仅在商业上达成了共识，还在个人层面建立了信任。这种关系使得并购谈判更加顺利，减少了许多潜在的摩擦。

在维护沟通渠道和后续谈判过程中，双方都聘请了顶级的投资银行和法律顾问作为中间人，这些顾问在关键问题上提供了专业意见，并帮助双方在复杂的法律和财务问题上达成了一致。

此次并购的关键成功因素，包括高层直接沟通，对标的方的深入研究，以及专业的中间人或中介等方面。扎克伯格和希斯特罗姆的直接沟通建立了高层间的信任，减少了信息的误传和误解。Facebook 对 Instagram 的深入研究，使其在初始沟通及后续谈判中处于有利地位，能够准确评估 Instagram 的价值和潜力。顶级顾问团队的参与确保了谈判的专业性和高效性。

在并购过程中，上一章已经提及首先需要通过行业分析等初步筛选找到一些潜在的并购标的，接下来对这些潜在标的进行更详细的评估，采用更高标准的二级筛选。这一阶段完成后，通常会剩下一些候选标的企业，此时便可以进入下一步并购计划，与标的企业进行初步接触并建立良好的沟通渠道，方便展开后续的并购流程。

对于每个标的企业，并购方都需要制定一项具体的接触策略，并为每个将要联系的标的企业准备一份详细的文档，列出标的企业接受收购建议的理由。这些理由可能包括多种因素。例如，一家科技初创公司可能需要额外的资金来支持开发新产品或扩大市场份额；一家家族企业的所有者可能希望通过出售企业来实现资金回收，从而为退休或其他投资做好准备；或者，一家制造企业可能计划利用并购后的资金进行设备升级，以提高生产效率，或扩展到国际市场。比如，谷歌在收购 YouTube 时，了解到 YouTube 需要更多的资金和技术支持来应对不断增长的用户需求和运营成本。谷歌的收购为 YouTube 提供了所需的资源就是一项收购理由。并购方为各标的方罗列的这些理由应充分展示并购的价值和对双方的益处，并要使标的企业清楚地看到并购带来的实际好处和未来发展的潜力，以赢得标的企业的信任，为后续的谈判奠定基础。

并购方对标的企业的研究工作应超越公开信息的范围，深入了解标的企业的实际情况，可以通过与客户、供应商、前雇员和行业协会进行面谈，全面掌握潜在标的企业的优势和劣势，以及其目标和发展方向。这样的深入交流能够揭示出企业内部管理、市场定位、客户满意度等方面的信息，从而可以帮助并购方全面评估标的企业的潜在价值和风险。在谷歌收购 Nest Labs 时，不仅依赖公开的财务报表和市场分析，还深入了解了 Nest Labs 的供应链管理、客户反馈和行业声誉，其团队与 Nest Labs 的主要供应商和一些前员工进行了多次面谈，了解了 Nest Labs 在智能家居技术上的实际应用效果和未来发展潜力。这些信息帮助谷歌确认了 Nest Labs 的核心竞争力和市场前景。

与标的企业初次接触的方式应根据企业的规模、上市情况和并购方的时间限制来决定。对于非上市企业，最好的方式是与其建立个人关系，这样即使是原本没有出售意图的公司，也可能被说服接受收购。通过建立融洽关系，可以为谈判奠定坚实的基础，并增加交易成功的机会。与管理层建立私人关系，尤其是创始人或继任者，可以利用他们对企业的深厚感情和归属感来推动交易。

创始人通常从无到有地创建并发展企业，投入了大量的时间、精力和情感，视企业为自己的"孩子"。他们经历了企业的每一个重要时刻，从早期的艰难创业，到业务的逐步扩展，创始人与企业的成长紧密相连。因此，他们对企业有着深厚的情感和强烈的归属感，希望看到企业在未来继续成功。而继任者，特别是家族企业的继承人，也对企业有深厚的感情，他们不仅继承了企业的管理责任，还承载着家族的期望和荣誉感。他们希望能够延续企业的成功，并将其发扬光大。因此，在与这些管理层建立私人关系时，理解并尊重他们对企业的情感和归属感，可以增加信任和合作的可能性，从而推动交易的顺利进行。

对于没有直接联系方式的小型企业，并购方可以通过多种方式建立初步联系，表达对建立合资企业或商业联盟的兴趣。这些方式包括电子邮件、微信、LinkedIn等社交媒体平台或商业交流平台，甚至可以通过传统的信件方式。初步联系时可以简要介绍自己的公司，表达合作的兴趣，并邀请其进行进一步的交流和探讨。措辞应当模糊，避免过于直接或详细地描述并购意图。例如，通过微信发送一条简短且礼貌的信息，简单介绍公司背景和合作意向，或通过 LinkedIn 发送个性化的邀请，附上公司介绍和合作计划。

中间人在并购过程中起着关键作用，因为他们能够利用自己的关系网和专业知识，促成双方的交流与合作。如果可能的话，通过中间人接触标的企业的高层管理人员是最有效的方式，因为中间人往往与高层有直接联系，能够更快地获得对方的重视和回应。合适的中间人可能是公司的最高层经理或大股东，他们可以在谈判中提供重要的支持和帮助。中间人的参与可以减轻直接联系时的心理压力，缓和双方的紧张情绪，避免直接交锋，还能提高沟通的效率和效果，通过中间人可以获得更高层次的支持和信任，因为中间人的推荐和引荐往往被视为可信赖的背书，这对于并购的成功至关重要。

展示自身优势与诚意

蓝鲸云是一家专注于大数据分析和云计算服务的科技公司，正在寻找扩展其服务范围的机会。通过行业分析和市场调研，蓝鲸云发现火山数据是一家拥有独特机器学习算法和强大技术团队的人工智能初创企业，其技术和市场潜力巨大，但由于资金有限而使发展受限。蓝鲸云认为，收购火山数据不仅能够丰富自身的技术储备，还能提升自身在人工智能领域的市场竞争力。两家公司在并购前互不熟悉，也没有任何业务往来，因此需要通过初次接触来建立沟通和信任。

在计划初次接触前，蓝鲸云的并购团队详细研究了火山数据的业务模式、技术优势和市场潜力，并将这些信息整理成了详细的报告和计划。在准备过程中，团队还模拟了多种可能的对话场景，以确保能够回答火山数据管理层可能提出的问题。

蓝鲸云选择通过高层之间的直接沟通来初次接触火山数据，其 CEO 通过 LinkedIn 向火山数据的创始人发出了一封简短而礼貌的私信，介绍了蓝鲸云的背景和对潜在合作的兴趣。在获得积极回应后，他们安排了一次电话会议。在会议中，蓝鲸云的 CEO 展示了对火山数据业务的深入了解，解释了双方合作的潜在好处，如技术整合、市场扩展和资金支持等，还清晰简明地提出了几个合作选项，包括技术合作、战略投资和全面收购等，使火山数据可以根据其需求和未来发展做出最合适的决定。蓝鲸云还强调了合作将如何帮助火山数据在竞争激烈的市场中保持领先地位，并提升技术应用的广度和深度。

初次会议后，蓝鲸云团队向火山数据发了一封详细的电子邮件，总结了会谈内容，并阐明了他们认为已经取得的进展。

为了确保进一步讨论的保密性和高效性，蓝鲸云和火山数据在一个高级商务会所进行了面对面的会谈，以确保双方能够在不受干扰的环境中深入探讨合作细节，保护商业机密。

在会谈之前，蓝鲸云与火山数据的管理团队共同制定了详细的会议日程，明确了讨论的主要议题和流程。

蓝鲸云在会谈中使用了丰富的数据和成功案例来支持他们的论点，展示了详细的合作计划，包括市场扩展策略、技术升级方案和资源整合计划。

在成功初步接触后，蓝鲸云顺利进入具体谈判阶段，最终成功收购了火山数据。

在并购过程中的首次接触阶段,并购方的代表与标的企业的管理层之间进行电话联系前,做好充分准备是基本要求,以确保沟通顺畅,能回答对方可能提出的问题,并展示并购方的专业性和诚意,特别是在财务和业务方面的专业性。如果可能的话,把你要说的话写下来,这样可以确保在通话时表达清晰,避免遗漏重要信息或出现混乱。

展示你对对方业务的了解,特别是对其市场定位、竞争优势以及运营模式的了解,并说明为何结成一个非正式合作伙伴关系是有意义的,如可以带来技术共享、市场拓展和资源整合等好处。这不仅展示了你的专业性和诚意,还能让对方看到合作带来的实际利益和潜力。

要能够清晰简明地说清楚你的建议,以及给对方带来的好处,以快速抓住对方的注意力,避免信息冗长导致对方失去兴趣。如果机会合适,应向对方提出包括并购在内的几个可选项,如合作伙伴关系、合资企业、技术合作等,为对方提供多种选择,增加合作的灵活性。仔细倾听对方的反应,以更好地了解他们的需求和关注点,从而调整策略。

在会面之后,给对方发一封邮件,说明你们认为已经取得的进展,并等候他们的回复,以巩固会面的成果,保持沟通的连续性,并展示专业态度和重视程度。

为了保密,选择一个足够私密的会面地点,以避免外界干扰,保护双方的商业机密,防止不必要的泄露。

在征求各参与方的建议后,制订一个书面的会议日程,以便将并购活动纳入正式流程,帮助各方明确会议的主题和议程,确保会议高效进行。

在准备和制作吸引人的展示材料时,要确保内容简洁明了,并能突出合作的关键优势和潜在收益。使用数据和实例来支持你的论点,可以增加说服力。通过这些方法,可以有效传达并购方的优势与诚意,从而增加合作成功的机会。

了解对方需求和期望

在并购过程中，深入了解标的企业的管理层、持有人、业绩表现和商业计划，有助于为即将进行的收购提供一个有说服力的理由，从而提高潜在标的企业的兴趣。在初步接触会议期间，应鼓励潜在标的企业提供有关其经营的信息和对行业的展望，以加强对对方的了解。

在并购早期谈判阶段，通常会涉及保密协议、条款书和意向函（意向书）的制定。这些文件的制定过程不仅有助于保护双方的利益，更重要的是，它们可以加深并购方对标的企业需求和期望的了解。文件制定的时间可能会因具体交易情况和双方的协商进程而有所不同，有些情况下，可能会在谈判前对某些关键条款与意向进行初步讨论和准备，而有些则是在谈判中根据新出现的情况和双方的需求逐步制定和完善。

保密协议（亦称 NDA, Non-Disclosure Agreement）一般是在谈判前制定的，该协议对各方均具有约束效力。在制定过程中，买方往往会要求获取尽可能多的既往审计数据以及卖方愿意提供的补充信息，以便全面评估交易的价值与潜在风险。而谨慎的卖方也需要掌握买方的相关信息，以评估买方的财务信用状况，避免将宝贵的时间耗费在无法筹集资金以完成交易的买家身上。保密协议应当仅涵盖非公开的信息，并设定合理的有效期限。协议的谈判形式可以灵活多样，既可以独立进行，也可以作为条款书或意向函的一部分。

条款书是在谈判过程中逐步形成和制定的，勾勒出交易的关键条款，包括交易结构、价格范围、支付方式、关键的交易条件等。它通常作为内容更详细的意向函的基础,列出整体框架或收购价格(通常是一个区间)、收购的标的(如股票或资产)、对数据的使用限制、禁止接触其他潜在买方条款(no-shop provision,以防止卖方与其他潜在买方分享买方提出的建议,从而避免营造买方竞价的环境)以及终止日期等。通过条款书的制定,双方能够初步了解彼此的期望和需求,从而为后续的详细谈判打下基础。

意向函(LOI)表达了双方对交易的初步意向,通常会列明签订协议的理由和主要条款、条件,并指明双方在协议生效后的责任、合理的终止期限,以及交易所涉各项费用如何支付。主要条款包括对交易结构的简单说明,如用现金或股票支付,以及对标的企业债务的假设条件。意向函的核心作用在于帮助双方更深入地了解彼此的期望和需求,明确交易中的关键要素和各自的要求。尽管意向函通常不具有法律约束力,但它为后续的深入谈判和正式协议的签订奠定了基础。

与保密协议不同,并不是所有交易都需要意向函。虽然意向函在早期对确认双方的共识范围很有帮助,并且可以明确各方在交易中的权利和一些保护性条款,但如果交易未能完成,意向函就可能会拖延最终收购协议的签订,甚至对买卖双方构成法律风险。与上市公司签订意向函,可能会对买方或卖方形成重大影响,因为可能需要满足证券法的要求而披露意向函的内容,例如,在《上市公司重大资产重组管理办法》第四十二条中规定,上市公司筹划重大资产重组事项,应当详细记载筹划过程中每一具体环节的进展情况,包括商议相关方案、形成相关意向、签署相关协议或意向书的具体时间、地点、参与机构和人员、商议和决议内容等,制作书面的交易进程备忘录并予以妥当保存。参与每一具体环节的所有人员应当即时在备忘录上签名确认。

意向函还规定了数据交换的类型、尽职调查的范围和时间。如果买卖双方未能在规定时间内达成协议，意向函将终止。所有法务、咨询和资产转让费（例如所有权变更时向政府部门缴纳的费用）应由买方或卖方或双方共同分担。措辞得当的意向函应仅包括协议对双方的限制范围。价格或其他条件通常建立在完成交易的前提条件之上，如买方可以获得卖方全部账册记录，已完成尽职调查，已获得融资，以及获得董事会、股东和监管机构的批准。其他标准条款包括要求标的企业管理人员签署雇用合同，以及完成所有必需的并购文件。如果无法满足其中任何一项，协议将失效。意向函还应详细列明尽职调查流程，规定买方接触卖方现场的频次和时间，以及这类活动的具体深度。

第八章　并购谈判中的策略与技巧

谈判节奏与灵活应变策略

并购谈判是一个复杂的决策收购过程,包括完善估值、设计交易方案、尽职调查、设计融资方案、详尽谈判以及签订最终协议等关键活动。每一活动都不是孤立的,而是会形成一个循环反馈机制,特别是在新信息不断浮现时,各阶段可能需要重复或调整。谈判全过程可以简单类比买车时的讨价还价过程,但其复杂性更适合类比于购买一栋商业大楼的过程。

完善估值类似于你在考虑购买商业大楼时,基于建筑的条件、位置和潜在的盈利能力来评估它的价值,如果在过程中发现建筑需要重大维修或存在其他减值因素,你可能会调整你愿意支付的价格,以反映所有已知的风险和成本。

设计交易方案可比拟于决定购买大楼的支付方式和条款。你可能会考虑全额付款、分期付款或结合其他金融工具,如抵押贷款或合伙投资,取决于你的资金状况和风险承受能力。

尽职调查类似于聘请工程师和建筑师对大楼进行全面检查,以确保没有任何隐藏的结构问题或法律纠纷。这一步可能会发现新的重要信息,这些信息可以用来进一步完善初步的估值,以确保价格可以更加准确地反映出大楼的实际价值和潜在成本。

设计融资方案则类似于选择适合的付款方式和资金来源，可能包括与银行协商贷款、寻找投资者或使用个人资金，以确保资金安排既能满足购买需求又符合财务规范。

详尽谈判类似于和大楼的卖家进行多轮详细对话，调整合同细节直至双方满意。这一过程不仅涉及价格，还包括交付条件、未来责任的划分等关键条款。

最后，做出决定是基于前面步骤的结果来决定是否完成购买。这一决策发生在所有必要的评估和谈判后，如果一切都符合预期，你将选择继续进行购买；如果发现问题过多或成本过高，你可能会选择放弃购买。一旦做出了购买决定，接下来的步骤就是签订最终协议，这与完成大楼购买的法律过程相似，你将审查和签署各类合同文档，以确保所有的细节都被正确处理并且符合法规要求。

在并购谈判过程中，控制谈判节奏以及应用灵活应变策略主要受到以下因素的影响。

（1）标的方试图缩短买方的尽职调查时间或阻挠其进程，以防止被买方发现可能影响交易条件的信息。标的方可能会通过限制买方接触关键人员、提供不完整或模糊的资料、设置不合理的时间限制等方式来缩短买方的尽职调查时间或阻挠其进程。针对这种情况，买方可以采取提前准备详尽的调查计划、寻求第三方专业机构的支持、与标的方高层进行积极沟通等应变策略。

（2）标的方需要对买方进行一定的尽职调查，以确保买方具备完成交易的财务能力和信誉。比如，标的方可能会审查买方的财务报表、评估其过往的商业交易记录、调查买方的市场声誉等。

（3）宏观经济环境和行业趋势。如果整个行业处于不稳定期或衰退期，将会影响双方的谈判心态和节奏。如果在经济下行期间，买方控制谈判节奏的策略是更加谨慎出价，通过降低出价或者提出更严格的交易条款，来保障自身在不确定经济环境中的利益。

（4）双方谈判团队的经验和能力。经验丰富、能力强的谈判团队能够更好地掌控节奏和灵活应变；缺乏经验的团队可能会导致谈判陷入僵局或节奏失控。在谈判团队经验和能力不足的情况下，为了控制谈判节奏，团队成员需要加强事先的培训和准备工作，充分了解双方的利益诉求和可能的谈判难点，还可以适时引入外部的专业顾问或经验丰富的人员提供指导和支持。

（5）法律法规和政策的限制。某些行业可能受到特定法律法规和政策的严格监管，这会对谈判的条件和节奏产生重大影响。比如，某些行业的并购可能需要经过特定部门的审批，审批时间和结果的不确定性会影响谈判。面对这种情况，双方需要提前了解相关的法律法规和政策要求，在谈判方案中预留出应对审批的时间和可能的调整空间。可以与相关政府部门保持沟通，及时获取审批的进展和可能的反馈，以便及时调整谈判策略。

（6）市场竞争态势。如果有其他潜在买方参与竞争，就会促使买方加快谈判节奏并采取更灵活的策略以争取交易成功。在这种竞争激烈的情况下，买方可以通过提高出价的吸引力、提供更优惠的交易条件、展示自身独特的优势和资源等方式来增加竞争力。同时，要密切关注竞争对手的动向，及时调整策略，以在竞争中占据有利地位。此外，还可以考虑在条款书中应用禁止接触其他潜在买方条款（No-Shop Provision），以防止卖方与其他潜在买方分享买方提出的建议，从而避免营造买方竞价的环境。例如，如果在并购谈判的条款书中明确规定了这一禁止接触条款，就能在一定程度上限制卖方与其他潜在买方的交流。这可以有效防止卖方将买方提出的出价和建议分享给其他竞争对手，降低营造买方竞价环境的可能性。

假设在一个具体的并购案例中，买方 A 与卖方进行谈判，并且在条款书中包含严格的 No-Shop Provision。如果卖方违反这一条款与其他潜在买方 B 接触并分享了买方 A 的出价和建议，那么卖方可能会面临违约的法律后果，需要承担相应的赔偿责任。然而，这种条款的应用也可能会引起卖方的顾虑，因为它在一定程度上限制了卖方寻求更优交易条件的机会。因此，在实际操作中，双方需要在这一问题上进行权衡和协商，以达成一个相对平衡和可接受的条款。

制定整体谈判策略

2017 年，迪士尼公司宣布计划以 713 亿美元收购 21 世纪福克斯的部分资产。在并购前，迪士尼进行了详细的尽职调查，明确了并购的核心目标：内容库扩展和流媒体平台增强。迪士尼优先考虑获取福克斯的优质内容资源，以增强自身的内容创作能力，同时也关注福克斯在国际市场的影响力，以扩大迪士尼的全球市场份额。为了实现这些目标，迪士尼制定了一套全面的谈判策略，涵盖了尽职调查、风险评估、谈判方案制定和模拟谈判等各个方面。

在迪士尼宣布收购 21 世纪福克斯后不久，康卡斯特公司提出了更高的竞争出价，试图以全现金方式收购福克斯。这一举动使得谈判变得更加复杂和激烈。康卡斯特的出价不仅在金额上更具吸引力，而且其全现金支付方式也减少了交易的不确定性。

为了成功应对康卡斯特的竞争出价，迪士尼迅速提高了出价，从最初的 524 亿美元提高到 713 亿美元，同时将支付方式从部分现金部分股票改为大部分现金加部分股票的混合支付方式。迪士尼在谈判中不断强调其收购福克斯后所能实现的战略协同效应，特别是在内容制作和全球市场扩展方面。迪士尼指出，通过整合福克斯的资产，其在流媒体业务上的竞争力将显著提升，从而能够更好地与 Netflix 和 Amazon Prime 等竞争对手抗衡。此外，迪士尼通过积极的沟通和游说，赢得了福克斯主要股东和监管机构的支持。迪士尼与福克斯的股东进行了多次会议，详细解释了交易的战略价值和未来收益，并向监管机构提供了全面的反垄断分析，以确保交易顺利通过审批。同时，迪士尼在谈判过程中保持了高效的尽职调查和数据支持，不断更新和优化其交易方案，快速响应康卡斯特的出价，并提供有力的反驳证据，来显示其交易方案的长期价值。

最终，迪士尼的整体谈判策略证明了其有效性，尤其是谈判策略中涉及应变预案的方面。

在并购谈判阶段，一个精心制定和执行的整体谈判策略非常关键，它通常包括明确目标优先级、制定尽职调查策略、制定谈判方案、评估风险、准备谈判材料、模拟谈判以及设定时间表等方面。

1. 明确目标优先级

在整体并购目标明确后，企业需要对各个具体目标进行优先级排序，以确保资源和精力的合理分配，在谈判中集中火力攻克关键问题，并在必要时进行妥协，以确保谈判的顺利进行和最终目标的实现。常见的并购目标包括市场扩张、技术获取、成本节约、品牌整合和人才引进。

确定目标优先级的第一步，是详细评估每个目标的重要性和可行性。企业需要问自己：哪些目标是此次并购的核心驱动力？哪些目标的达成将对公司未来发展产生最大的影响？哪些目标是可以通过其他手段或在未来逐步实现的？

一旦明确了各个目标的重要性，就需要制订具体的优先级排序。这一过程应当包括企业高层管理团队的讨论和共识，以确保每个决策都有充分的支持和理解。在优先级排序中，必须平衡短期利益与长期战略，确保并购不仅能解决当前问题，还能为未来的发展打下坚实的基础。

优先级排序还需要动态调整。在谈判过程中，情况可能会发生变化，新的信息和挑战可能会出现。

2. 制定尽职调查策略

确定尽职调查的范围，明确重点领域，包括财务状况、法律合规、业务运营和市场定位等。每个领域的尽职调查应当有明确的目标和评估标准，以确保调查的全面性和准确性。

应选择适当的调查方法和工具，可以通过内部团队或外部专业机构进行尽职调查。内部团队熟悉企业文化和战略目标，能够提供有针对性的分析，而外部机构则可以提供专业的技术和独立的视角。结合两者的优势，可以确保尽职调查的深度和广度。

应制订详细的时间安排和资源分配计划，因为尽职调查往往需要大量的时间和人力资源，合理的计划可以确保调查过程的高效和有序。企业应当明确每个阶段的时间节点和负责人，确保各项工作按计划进行，并在关键节点进行汇报和审查。

3. 制定谈判方案

核心谈判方案应当包括每个阶段的目标、策略和预期结果。企业需要明确在谈判的不同阶段希望达成的具体目标，如初步协议、详细条款和最终签署等。每个阶段的策略应当紧密围绕这些目标展开，并考虑对方可能的反应和应对措施。

在谈判中，情况可能会发生变化，企业需要准备多个备选方案，以应对不同的谈判情景和突发情况。备选方案应当涵盖各种可能的谈判结果，并为每种结果准备相应的应对策略和调整措施。

谈判方案的制定还需要结合尽职调查的结果。通过对目标公司的全面了解，企业可以更有针对性地设计谈判方案，突出自身的优势，避免潜在的风险。此外，谈判方案应当在实际谈判中不断调整和优化，要根据谈判的进展和对方的反应，灵活调整策略和方案。

4. 评估风险

需要识别和评估并购过程中可能遇到的各种风险，包括法律风险、市场风险和整合风险等，并提前制定应对措施，以确保在面对突发问题时能够快速反应，减少损失，帮助企业识别潜在的障碍，为谈判提供有力的数据支持，使企业在谈判桌上更具优势。

5. 准备谈判材料

企业需要提供详尽的财务报表、市场分析报告和法律文件等，来支持谈判中的各项论点。这些材料应当清晰、准确，能够全面展示并购的价值和必要性。此外，企业还需要准备好详细的数据支持，以便在谈判中快速应对对方提出的各种问题和挑战，赢得对方的信任，从而提高谈判的效率和成功率。

6. 模拟谈判

通过多次预演谈判，企业可以识别可能的争议点，预测对手的反应方式，并调整策略以应对可能出现的挑战，帮助谈判团队熟悉谈判流程，提高团队的应变能力和协作水平。企业可以根据模拟谈判的结果，优化整体谈判策略，以确保在正式谈判中能够游刃有余。

7. 设定时间表

需要明确谈判的各个阶段和关键节点，制定具体的时间安排，包括谈判的准备阶段、各轮谈判的时间安排，以及最终协议的签署时间，同时还需要根据实际进展和变化，灵活调整时间表和策略，以应对谈判过程中可能出现的意外情况。

定价与对价讨论

2012 年，Facebook 宣布以约 10 亿美元的价格收购图片分享应用 Instagram。当时，Instagram 仅有 13 名员工，并且尚未实现盈利，但其用户增长非常迅速，已经达到了 3000 万用户。

尽管 Instagram 当时没有盈利，但其未来的增长潜力和战略价值使其成为一个有吸引力的收购目标。Facebook 看中了 Instagram 在移动端的强大用户基础和社交网络潜力。因此，Facebook 对 Instagram 进行了详细评估，基于其用户增长和市场前景，最终将其定价为 10 亿美元，而这 10 亿美元对价分为两部分：3 亿美元现金支付给 Instagram 的股东和员工，7 亿美元则以 Facebook 股票的形式支付。这样的对价形式既提供了即时的现金流，又让 Instagram 的股东和员工成为 Facebook 的股东，从而有机会分享 Facebook 未来的增长红利。

交易方案详细规定了交易金额和支付方式。在 10 亿美元的交易金额中，3 亿为现金，7 亿为股票。此外，交易方案还包括员工保留和整合计划，以确保 Instagram 团队能够继续独立运营。

在并购谈判中，什么是定价与对价？

定价是指为目标公司的股份或资产设定的交易价格，它决定了买方需要支付的金额和卖方可以获得的报酬。在 Facebook 对 Instagram 的收购案中，定价是 10 亿美元。

定价通常基于多种因素，包括但不限于：

（1）目标公司的财务状况。如收入、利润、现金流等。

（2）市场条件。如行业前景、市场需求、经济环境等。

（3）未来的增长潜力。如技术创新、市场扩展等。

（4）比较交易分析。参照类似交易的估值。

对价是指买方为收购目标公司所支付的具体形式。在 Facebook 收购 Instagram 的交易中，10 亿美元的定价，由 3 亿美元的现金和 7 亿美元的 Facebook 股票作为对价形式呈现。

对价可以有多种形式，包括：

（1）现金。现金支付是指收购方支付一定数量的现金，以取得目标企业的所有权。现金方式并购是最简单迅速的一种支付方式。对目标企业而言，不必承担证券风险，交割简单明了。缺点是目标企业股东无法推迟资本利得的确认从而不能享受税收上的优惠，而且也不能拥有新公司的股东权益。

（2）股票。买方公司发行的股票，用以支付部分或全部交易金额，也称为股权支付，其实就是常说的换股并购，具体方式是收购方按一定比例将目标企业的股权换成本公司的股权，目标企业从此终止或成为收购方的子公司。

（3）债务。买方承担目标公司的部分或全部债务，作为对价的一部分。这种方式通常适用于目标公司有一定负债且买方认为这些负债在未来能够管理或减轻的情况。通过承担债务，买方可以减少直接支付的现金金额，同时目标公司可以减轻财务负担。

（4）其他资产。买方用除现金和股票之外的其他有价值的资产来支付交易金额。这些资产可以包括房地产、知识产权、设备、库存等。选择这种对价形式，通常是为了满足卖方的特定需求或优化税务和财务安排。例如，买方拥有一些不动产，卖方正好需要这些不动产来扩展业务，双方就可以通过转让这些不动产来达成部分交易对价。

在并购谈判中，定价与对价的讨论是一个复杂的过程。买方在这一过程中需要注意以下几个方面：

1. 定价方面

（1）准确的估值。要确保对目标公司的估值准确，这通常包括财务评估、市场分析、竞争态势和未来增长潜力。使用多种估值方法（如折现现金流法、比较公司法等）进行交叉验证，以得到一个合理的价格范围。

（2）尽职调查。进行全面的尽职调查，核实目标公司的财务状况、法律合规情况、运营状况和潜在风险。这一步骤可以发现隐藏的问题或价值，从而影响定价决策。

（3）未来预期。考虑目标公司的未来增长潜力和战略价值。即使目前财务表现一般，但如果未来有巨大的增长潜力，买方也可能愿意支付更高的价格。

（4）市场条件。了解当前的市场环境和经济条件。市场的波动性、行业趋势和宏观经济因素都会影响公司的估值与定价。

2. 对价方面

（1）现金流管理。评估支付对价的方式对买方现金流和财务状况的影响，以确保交易不会导致现金流压力过大或影响公司的日常运营。对于收购方而言，现金支付是一项沉重的即时现金负担，要求其有足够的现金头寸和筹资能力，交易规模也常常受到筹资能力的制约。

（2）股票支付。如果使用股票作为对价，不仅要考虑股价波动对交易双方的影响，还要确保股票支付不会导致现有股东权益被过度稀释。对于目标企业股东而言，股票支付（换股）可以推迟收益的计税时点，取得一定的税收利益，同时也可以分享收购方价值增值的好处。对收购方而言，不会挤占其日常营运资金，比现金支付成本要小许多。但换股并购也存在着不少缺陷，如稀释了原有股东的权益，每股收益可能会发生不利变化，改变了公司的资本结构，稀释了原有股东对公司的控制权等。

（3）税务影响。不同形式的对价（现金、股票、债务等）在税务处理上可能有不同的影响。与税务顾问合作，选择最优的对价形式，以优化税务效益。当然还可以用更复杂的对价方式来影响税务，如混合并购支付，并购企业支付的对价除现金、股权外，还可能包括可转换公司债券、一般公司债券、认股权证、资产支持受益凭证、承担的债务、划转的资产，或者表现为多种方式的组合。将多种支付工具组合在一起，如搭配得当，选择好各种融资工具的种类结构、期限结构以及价格结构，可以避免现金和换股两种方式的缺点，既可以使收购方避免支出更多现金，造成企业财务结构恶化，也可以防止收购方原有股东的股权稀释或发生控制权转移。

（4）风险分担。可以通过对价结构分散风险。例如，分期付款或与业绩挂钩的支付安排（如对赌协议）可以帮助企业分担并购后的整合风险。

3.交易方案方面

（1）灵活性。要保持交易方案的灵活性，并根据尽职调查结果和谈判进展进行调整。避免过于僵化，以便更好地应对意外情况。

（2）谈判策略。制定明确的谈判策略，包括底线价格、理想价格和可接受的对价形式。充分准备谈判策略，有助于在谈判中占据主动。

尽职调查与财务评估

2016年，微软宣布以262亿美元现金收购职业社交网站领英（LinkedIn）。这是微软历史上最大的收购案。领英是全球最大的职业社交平台，拥有数亿用户，其中包括大量的中国用户。早在2014年，领英就正式进入了中国市场，推出了中文名为"领英"的本地化服务，为中国的职场人士提供职业社交、招聘、学习和发展等多种服务。

在本次收购的谈判过程中，微软对领英进行了深入的尽职调查，这些调查包括财务、法律、运营、市场和战略以及风险等多个方面，具体调查内容如下：

1. 财务尽职调查

（1）财务报表分析。微软的财务团队详细分析了领英的资产负债表、损益表和现金流量表，以确认其财务健康状况。

（2）盈利能力评估。评估了领英的收入增长、利润率、净利润和股本回报率等关键财务指标。

（3）资产评估。审查了领英的有形资产和无形资产，包括办公场所、设备、专利和品牌价值。

（4）债务和负债评估。分析了领英的短期和长期债务，评估其偿债能力和潜在的或有负债。

2. 法律尽职调查

（1）合同审查。审查领英与客户、供应商、员工之间的合同，确保没有隐藏的法律风险。

（2）知识产权。评估领英的专利、商标和版权，确认其知识产权的完整性和有效性。

（3）诉讼风险。检查领英是否涉及任何未决诉讼或潜在法律纠纷，评估其法律风险。

3. 运营尽职调查

（1）业务模式分析。深入了解领英的业务模式和市场定位，评估其市场竞争力和可持续发展能力。

（2）技术评估。分析领英的技术平台和数据基础设施，确保其技术能力与微软的战略目标一致。

（3）人力资源。评估领英的管理团队和员工，确保关键人才的保留和公司文化的整合。

4. 市场和战略尽职调查

（1）市场分析。评估领英在职业社交网络市场的地位和市场份额，分析其未来的市场增长潜力。

（2）竞争分析。分析领英的主要竞争对手，评估其竞争优势和劣势。

（3）战略整合。评估领英与微软现有业务的协同效应，包括产品整合、市场扩展和客户交叉销售机会。

5. 风险评估

（1）宏观环境风险。分析经济、政治和社会因素对领英业务的影响。

（2）行业风险。评估职业社交网络行业的特定风险，如技术变化、用户行为变化等。

（3）公司特定风险。识别领英特有的运营和财务风险。

通过翔实的尽职调查，微软确认了领英的财务健康状况、法律合规性、运营效率和市场潜力。这些信息不仅帮助微软准确评估了领英的真实价值，还揭示了潜在的风险和挑战，从而为并购谈判提供了坚实的基础，使微软能够在谈判中占据主动地位，制定合理的收购条款，并确保了收购后整合的顺利进行。

尽职调查是对企业的财务记录、法律文件、合同以及实际运营设施和资产进行全面审查，通常贯穿整个谈判阶段。尽管编写完善的最终收购协议条款可以为买卖双方提供一定程度的法律保护，确保交易条款的执行，但这些法律文本不能替代正式的尽职调查，因为后者是预防性的。如果出现违反合同和保证的行为，通常需要通过法律途径解决，而这种补救式解决方式的结果往往具有不确定性。通过尽职调查这种预防性措施可以降低或消除上述不确定性，有助于避免耗资巨大的法律行动，识别和评估标的企业的债务情况，并对收购价格进行调整。这样可以减少后期出现问题的机会，并降低依赖协议救助条款的必要性。

尽管通常是买方进行尽职调查，但卖方和贷款方也会开展尽职调查。卖方进行尽职调查是为了确保其对公司信息的披露是准确和全面的，以便在谈判中占据有利地位，并最大限度地提高交易价格，同时也有利于确认买方的资质和支付能力，以减少交易失败的风险。而贷款方进行尽职调查，是为了评估借款人的偿还能力和抵押物的价值，以确保贷款的安全性。

尽职调查本质上是一个昂贵、累人的过程，因为它涉及大量的专业服务费用，如法律、会计和咨询费用。尽职调查还具有高度侵入性，需要深入审查企业的各类敏感信息，包括财务记录、法律文件和业务运营细节，因此调查要求双方经理人付出大量时间和精力，来准备和提供所需的详细信息。

通常买方希望尽可能长时间地进行尽职调查，以全面了解标的企业的各方面情况。而卖方则希望限制尽职调查的时间和范围，因为尽职调查很少能对卖方产生好处。长时间的详尽调查很可能会让买方发现一些问题，并用这些问题作为压低收购价格的理由。卖方可能会在买方对交易条件或企业情况感到不满意之前，寻求终止尽职调查。

如果标的企业成功地减少了披露的信息，可能会被要求在收购协议中，对其声明和承诺做出更多保证。这些声明和承诺通常包括公司财务状况的真实性、法律合规性、业务运营的稳健性等，以补偿因信息披露不足可能带来的风险。

卖方尝试限制尽职调查的方法有很多，其中一些常见的方法包括：设定时间限制，规定尽职调查必须在特定的时间内完成，以减少买方深入调查的机会；限制信息访问，只提供部分文件或信息，要求买方团队在指定的地点查看，不能带走任何资料；控制人员接触，限制买方团队与企业员工的接触，仅允许与指定的几位管理人员交流。还有一种方法是把买方的尽职调查团队隔离在一个存放数据的房间里，通常是一间会议室，里面摆放着尽职调查团队要求查看文件的文件柜和文件。买方核心管理层的正式代表通常会留在这间数据室里。在其他情况下，卖方会提供一个密码保护的网站，供潜在买方连接并获取相关信息，这个网站被称作"虚拟数据室"。

除了从标的企业获取尽职调查的信息来源之外，还有许多外部信息来源可以提供有价值的资料。以下是一些被广泛使用的信息来源：

（1）公共财务报告。上市公司的年度报告、季度报告、财务报表和其他定期披露文件（来源于证监会等监管机构）。

（2）行业报告和市场研究。由专业研究机构或行业协会发布的行业分析报告和市场趋势研究。

（3）新闻和媒体报道。关于目标公司及其行业的新闻文章、媒体报道和新闻发布会。

（4）政府和监管机构的记录。包括工商行政管理部门、税务部门、证监会、法院、环境报告、土地管理部门、国家知识产权局等公开的文件。

（5）信用报告。由信用评级机构提供的信用报告，评估公司的信用状况和财务健康，包括信用中国网站的信息。

（6）法律数据库。关于公司法律诉讼、专利和商标注册、合规性记录等的法律信息（包括来自法院、专利局的信息）。

（7）商业数据库。包括商业信息服务提供商提供的公司概况、董事和高管信息、财务数据等。

（8）社交媒体和网络评论。客户、员工及公众在社交媒体和在线平台上的评论和反馈。

（9）客户和供应商的反馈。通过访问目标公司的主要客户和供应商获取的直接反馈。

（10）企业自身披露的信息。目标企业公开披露的年度报告、公司公告、新闻发布等。

（11）第三方征信机构。由第三方征信机构提供的企业信用和背景调查。

（12）金融机构。银行、保险公司和其他金融机构提供的相关信息。

（13）行业专家和分析师的意见。咨询行业专家、分析师和顾问，获取专业见解和分析。

第九章　如何处理并购过程中遇到的问题

估值分歧的处理

估值分歧在并购谈判过程中是最常见且最具挑战性的问题。历史上，许多著名的并购案例都因估值分歧而经历了复杂且曲折的谈判过程。

2008 年，微软提出以 475 亿美元收购雅虎，但雅虎认为报价过低，拒绝了这一提议。雅虎认为自己的未来前景和潜在价值远高于微软的报价，导致双方在估值上产生了显著分歧。尽管进行了多轮谈判，但最终微软选择了撤回收购要约，雅虎也因此错失了当时的高价收购机会。

2017 年至 2019 年，迪士尼和 21 世纪福克斯的并购案同样因估值分歧而变得复杂。迪士尼最初提出以 524 亿美元收购福克斯的部分资产，但康卡斯特随后加入竞争，提出更高的报价。多次竞价导致福克斯的估值不断攀升，最终迪士尼以 713 亿美元成功完成收购，这一过程中人们看到了双方在估值上的巨大分歧以及市场竞争对价格的推动作用。

百威英博和南非米勒在 2015 年的并购案中也经历了类似的情况。这笔高达 1070 亿美元的交易经过了多轮谈判，其间两家公司对未来市场份额和合并后协同效应的预期存在分歧。最终，通过对市场前景和协同效应的详细分析，以及调整收购条款，双方达成了一致意见，顺利完成了并购。

谷歌在 2006 年以 16.5 亿美元收购 YouTube 的过程中，最初双方对 YouTube 的估值有很大差异。谷歌认为 YouTube 在未来广告市场中的潜力巨大，而 YouTube 则坚持自己的品牌和用户基础已经具有极高的价值。经过反复谈判和多次估值调整，谷歌最终同意了高价收购，从而成就了这一具有历史意义的交易。

2014 年，Facebook 以 190 亿美元收购 WhatsApp，这一高额估值引发了广泛讨论。谈判过程中，双方在用户增长预期和未来盈利模式上存在显著分歧。WhatsApp 坚持认为其全球用户基础和潜在市场价值远超 Facebook 最初的估值，最终在详细分析和多次谈判后，双方达成了协议。

Uber 和 Careem 在 2019 年的并购案中，估值分歧主要集中在中东市场的未来增长潜力上。Careem 认为其在中东市场的领导地位和本地化运营优势应获得更高的估值，而 Uber 则强调整合后的协同效应。最终，通过对市场和业务整合的详细讨论，Uber 以 31 亿美元完成了这笔交易。

宝洁公司和吉列在 2005 年的并购案中，估值分歧体现在吉列的品牌价值和市场份额上。宝洁认为吉列的品牌影响力和全球市场份额可以带来巨大的协同效应，但吉列认为其自身的市场地位已经足够强大，不应被低估。经过多轮谈判和对未来市场潜力的详细评估，宝洁以 570 亿美元成功收购了吉列。

惠普和康柏在 2001 年至 2002 年的并购案中，因估值分歧引发了激烈的股东反对。惠普认为收购康柏能够实现规模经济和市场扩展，而康柏则坚持自己的技术和市场份额应该获得更高的估值。最终，通过详细的尽职调查和股东投票，惠普以 250 亿美元完成了这笔备受争议的并购。

在并购谈判过程中，产生估值分歧的原因多种多样，首先是财务预测差异。买卖双方对未来盈利能力和现金流的预测不同，常常导致双方对公司的估值存在明显的分歧。典型的例子是雅虎和微软的并购案，双方对雅虎未来的预期差异巨大，最终未能达成一致。

处理财务预测差异导致的估值分歧，关键在于进行深入的尽职调查，并聘请独立第三方评估机构来提供客观的财务分析，以帮助双方获得一致的财务数据和预测，减少对未来业绩的不同预期。此外，还可以引入绩效对赌条款，即根据目标公司未来的实际业绩表现来调整最终的交易价格，从而降低估值风险。一个成功处理财务预测分歧的案例是迪士尼与21世纪福克斯的并购案。在谈判初期，双方对福克斯未来的盈利能力和市场前景存在明显的分歧。然而，通过多轮深入的尽职调查和引入独立第三方评估，迪士尼和福克斯最终达成了一致。

市场条件的变化也会影响公司的估值，双方对市场前景的看法往往不会太一致。这种情况在百威英博和南非米勒的并购案中表现得尤为明显。市场状况的不确定性使得双方在估值上产生了明显的分歧。

此外，对公司资产的价值评估方法和结果也常常存在分歧。谷歌和YouTube的并购案中，双方对YouTube的品牌价值和市场影响力的评估不同，导致估值出现显著差异。类似的情况也出现在宝洁公司和吉列的并购案中，双方对品牌价值和市场份额的看法不一致，导致谈判过程异常复杂。

未来增长潜力的预期也是估值分歧的重要原因。Uber和Careem在并购过程中，对中东市场未来增长潜力的不同预期，导致双方在估值上存在明显的分歧。同样，Facebook和WhatsApp的并购案中，双方对全球用户基础和市场影响力的价值评估差异也引发了广泛的讨论。

为了处理这些估值分歧，企业通常会采取多种策略。首先是深入尽职调查，通过全面的尽职调查获取准确的财务和运营数据，以减少不确定性。百威英博和南非米勒的并购案中，这一策略得到了充分应用。其次是聘请独立第三方进行评估，以获得客观的公司价值评估，惠普和康柏在并购过程中采用了这种方法。

多轮谈判和竞价也是常见的处理方式，即通过多轮谈判和竞价来找到双方都能接受的估值。迪士尼和 21 世纪福克斯的并购案中，多轮竞价使得交易价格不断攀升，最终达成协议。此外，通过调整交易条款，如支付方式、延期付款、股权交换等，也能有效解决分歧。谷歌和 YouTube 的并购案就是通过调整交易条款来达成一致的。

引入绩效对赌条款也是一种有效的策略。在交易协议中加入绩效对赌条款，根据未来业绩表现调整最终交易价格，这一方法在 Facebook 和 WhatsApp 的并购中得到了充分应用。详细讨论市场和业务整合后的潜在协同效应，并将其纳入估值考虑，也是一种解决分歧的有效方式，Uber 和 Careem 在并购过程中通过这一策略达成了共识。

另外，通过股东投票和董事会批准来达成一致意见，并确保交易的合法性和公平性，也是处理估值分歧的重要步骤。惠普和康柏的并购案最终通过股东投票解决了估值分歧。

法律风险应对

在并购谈判过程中，可能存在以下法律风险：

1. 尽职调查不足

对目标公司的财务状况、法律合规、知识产权、合同义务等方面的调查不够深入，可能会导致潜在问题未被发现。如果在签订并购合同时不将这部分风险考虑在内，风险变为现实后将毫无疑问地降低目标公司的价值。例如，某科技公司在收购一家小型软件企业时，由于未能全面调查其知识产权状况，后发现该企业的核心技术存在专利侵权问题，可能会导致收购后面临巨额赔偿和法律纠纷。为应对这一风险，需要进行全面的尽职调查，包括财务、法律、业务等方面，以帮助买方了解目标公司的真实情况，发现潜在的法律风险。聘请专业的法律、财务和行业顾问，进行全面且细致的尽职调查也是必不可少的。

2. 合同管理风险

目标公司对与其有关的合同可能管理不严，或由于卖方的主观原因使买方无法全面了解目标公司与他人订立合同的具体情况，这些合同将直接影响到买方在并购中的风险。例如，某知名家电公司在并购一家供应链企业时，未能全面了解该企业与主要供应商的长期合同，导致并购后发现供应商合同条款苛刻且违约成本高昂，从而直接影响了企业的运营和成本控制。为应对此类风险，可聘请经验丰富的律师参与并购谈判，起草和审查并购合同，以确保合同条款符合法律规定和买方的利益。同时，根据尽职调查的结果和双方的需求，合理安排交易结构，选择合适的并购方式（资产收购、股权收购等）、支付方式（现金、股票等）和交易时间等，都是必要的。

3. 诉讼仲裁风险

诉讼的结果事先难以预料，如果卖方没有全面披露正在进行或潜在的诉讼以及诉讼对象的个体情况，诉讼的结果将可能会改变目标公司的资产数额。例如，2016年，中国化工集团公司在收购瑞士农业化学公司先正达时，先正达面临多起未决的诉讼，涉及产品责任和环境污染问题。这些诉讼的结果可能影响先正达的财务状况和资产价值。为应对这类风险，需要聘请专业的法律顾问，对目标公司的诉讼和仲裁情况进行详细审查，以确保全面了解所有潜在的法律纠纷和风险。

4. 客户关系风险

并购的目的之一是利用目标公司原有客户，节省新建企业开发市场的投资。目标公司原客户的范围及其继续保留的可能性会影响到目标公司的预期盈利。例如，2017 年，滴滴出行收购优步中国后，发现优步的部分重要客户对新管理层的不满导致了客户流失，从而影响了滴滴对市场份额增长的预期。为了应对这类风险，需要进行全面的客户关系评估，以确保了解目标公司的客户结构和关系，并制订并购后客户关系维护计划。

5. 人力资源风险

目标公司人力资源情况具有相当的风险性，如冗余职工负担过重、在岗职工的熟练程度、接受新技术的能力以及并购后雇员是否会离开等。例如，2015 年联想收购摩托罗拉移动后，面临大量冗余员工和高额的人员成本，同时一些关键技术人员的离职，严重影响了新产品的开发和市场推广。要想应对这一风险，就需要详细审查目标公司的劳工和雇佣情况，制订合理的员工安置计划，并确保符合相关劳工法规定。

6. 交易保密风险

在并购谈判过程中，一方提供的信息被对方滥用可能会使该方在交易中陷入被动，或者交易失败后收购方掌握了几乎所有目标公司的信息，从而对目标公司（或卖方）产生致命威胁。例如，2016 年，万达集团在收购美国传奇影业的过程中，双方签署了严格的保密协议，以确保交易谈判期间披露的敏感信息不被滥用，从而保护双方的商业利益。为此，建立保密协议，明确双方的保密义务和责任，保护敏感信息不被泄露，是十分必要的。

7. 资产价值风险

公司并购的标的资产所有权归属问题隐藏着巨大的风险，如资产评估是否准确、无形资产的权属是否存在争议、交割前的资产处置等问题。例如，2014年，阿里巴巴集团在收购高德地图时，发现高德的某些核心技术专利存在未决的权属争议，影响了资产评估的准确性和并购后的实际价值。应对此类风险，需要详细审查目标公司的资产状况，以确保资产的评估和所有权合法可靠。

8. 反垄断和竞争法风险

并购可能触发反垄断法和竞争法的审查，如果未能获得相关部门的批准，交易可能会被阻止或面临罚款。例如，2018年，高通公司计划收购恩智浦半导体，但由于未能获得中国反垄断监管机构的批准，最终不得不放弃这笔交易，导致高通支付了20亿美元的违约费。为此，提前与反垄断和竞争法专业律师沟通，评估并购交易是否涉及相关风险，并积极配合监管机构的审查，是必要的应对措施。

9. 法律变动的动态法律风险

企业的一项并购行为，尤其是大中型企业的并购行为并不能在短时间内完成，因此在并购过程中国家法律法规政策的变动也是应当考虑的风险之一。例如，2010年，中国建材集团在并购多个水泥企业的过程中，遇到了国家环保政策的调整，新的环保法规要求水泥行业进行全面升级改造，导致并购后的整合成本大幅增加。为应对这一风险，需要定期进行法律风险评估，以确保并购过程中的所有行为符合最新的法律法规要求。

10. 商业信誉风险

目标公司在市场中的信誉程度、有无存在信誉危机的风险，是反映目标公司获利能力的重要因素。兼并一个信誉不佳的公司，往往会使并购方多出不少负担。例如，2013年，平安保险收购上海家化时，发现家化在市场中的信誉状况不佳，存在多起客户投诉和质量问题，导致平安在并购后需花费大量资源进行品牌修复和市场信任重建。为此，需要对目标公司的商业信誉进行详细评估，以确保其在市场中的信誉状况良好。

文化差异的克服

文化差异不仅会影响谈判进程,还会对并购后的整合产生重大影响,甚至可能导致并购失败。

在谈判阶段,文化差异可能会导致双方在沟通方式、决策风格、对合同条款的理解和重视程度等方面存在分歧,从而拖延谈判进度,增加谈判成本,甚至可能使谈判陷入僵局。

2012年,潍柴动力开始了对德国凯傲集团的并购之旅,整个谈判过程异常艰难。在意大利米兰王子酒店的会议室里,潍柴动力董事长谭旭光与高盛集团、KKR集团等代表进行了长达十多天的激烈谈判,期间粗话、摔东西等情况时有发生,谭旭光甚至一度愤然离场。双方在诸多关键问题上存在分歧,文化差异更是加剧了紧张气氛和相互理解的难度。

最终谭旭光提出的"70%+25%+1"方案在众多竞购者中取胜,于2012年12月27日以7.38亿欧元成交。

企业在并购后的整合阶段,文化差异的影响更加显著。不同的企业文化可能在管理模式、工作流程、员工激励机制、价值观等方面存在很大差别。

潍柴动力对德国凯傲集团的并购交易完成后,文化差异带来了不少挑战。最初,德方对中方怀有戒心,担心技术被"盗取",在入股协议中禁止将液压技术带入中国。股权交割后,中方人员入驻时,德方列出职责清单,告诫中方不要越界。

然而,潍柴动力采取了成熟的管理模式。他们只进行战略管控、资源配置和产业协同，充分放权给当地管理层，尊重和信任对方。同时，潍柴遵守当地法律，兑现每个承诺。这种相互尊重和适应逐渐赢得了德方的认可，促进了双方的合作。最终，凯傲集团经营业绩显著提升，实现了双赢。

如果不能妥善处理这些文化差异，则可能会引发员工的抵触情绪，导致人才流失，破坏团队合作，影响企业的正常运营、战略的实施和市场拓展，使得并购后的协同效应无法充分发挥，最终导致并购无法达到预期目标，甚至以失败告终。

以上汽集团2004年并购韩国双龙汽车为例，文化差异从谈判期间就开始产生，双方在价格、技术转让等方面存在诸多争议，且并购后的整合并不顺利，文化差异成了主要障碍。韩方对上汽的管理方式和战略意图存在误解。在技术转移方面，韩方表现出了强烈的抵触情绪，担心技术被转移到中国后影响自身竞争力。同时，韩国工会在企业决策中影响力较大，而上汽集团需要适应这种文化差异。

尽管上汽采取了一些措施，如加强与韩方的沟通、充分尊重韩方文化等，然而，由文化差异所引发的问题依旧难以得到彻底的化解。最终，由于多种因素相互交织产生的综合影响，上汽在2009年抛售掉了手中双龙汽车的股份，此次并购以很不理想的状况收尾。

在并购谈判过程中，文化差异通常表现在几个方面。首先是沟通方式的不同。一些文化，如美国，倾向于直接、开放地沟通，而其他文化，如日本，则更为间接，重视暗示和礼貌。比如，美国公司在谈判时会直截了当地提出条件，而日本公司则多会通过暗示和礼节表达意愿。另外，高语境文化（如中国）依赖非言语线索和背景信息，而低语境文化（如德国）则注重明确和详细的沟通。比如，中国的谈判代表可能会通过身体语言和背景信息传递重要信号，而德国的谈判代表则更倾向于用明确的语言和详细的文档来说明立场。在潍柴动力对德国凯傲集团的并购谈判中，潍柴动力的谈判团队注重建立个人关系和通过非言语线索传递信息，而凯傲集团则通过详尽的书面资料和明确的语言表达他们的立场和要求。谭旭光在谈判期间曾私下请对方代表德比利喝酒、吃饭，还送小纪念品，试图增进个人交情，但发现这些方法对对方代表不管用，他在谈判桌上依旧言辞激烈、寸土不让。

文化差异还表现在决策过程方面。一些文化，如法国，决策权集中于少数高层领导，而其他文化，如瑞典，则采取更为分散和协商的决策方式。此外，一些文化，如美国，偏向快速决策，而其他文化，如日本，则倾向于慎重、反复讨论。例如，法国公司在并购谈判中通常由几位高层领导做出最终决定，而瑞典公司则倾向于通过团队协商达成一致。一个典型的案例是戴姆勒－克莱斯勒的并购案。1998 年，德国的戴姆勒－奔驰和美国的克莱斯勒合并，形成了戴姆勒－克莱斯勒。在并购谈判期间，文化差异就已经开始产生影响，导致双方在决策速度和方法上频繁出现分歧，并且在合并后这些差异变得更加显著。戴姆勒的决策方式是由少数高层领导做出快速决定，而克莱斯勒则习惯于更为民主和协商的方式。这种决策文化上的冲突导致了管理上的混乱和效率低下，最终在 2007 年戴姆勒不得不出售克莱斯勒，结束了这段不成功的并购。

时间观念也是一个重要的差异点。线性时间观念的文化，如德国，强调准时和按计划行事，而多任务时间观念的文化，如墨西哥，则更为灵活，接受突发变化。短期导向文化，如美国，关注快速收益；而长期导向文化，如中国，则重视长期关系和战略。德国公司通常会严格遵守时间表，而墨西哥公司则可能在最后一刻进行调整。

谈判风格也是文化差异的一个体现。如美国，谈判风格强硬，追求最大利益。而日本，则寻求双赢。意大利，谈判时情感外露。瑞士，则更为理性和冷静。1980年，美国富士胶片公司在和日本柯尼卡公司的合作谈判过程中，富士胶片的代表采取了强硬的立场，试图在价格和市场份额上获得最大优势，而柯尼卡的代表则坚持寻找双方都能接受的解决方案，结果，通过多次妥协和合作建议，双方才最终达成了协议。

为了克服文化差异，企业可以采取一些策略。首先是提前准备，以了解对方。其次是建立信任，通过非正式会面和社交活动建立个人关系，同时保持信息透明，避免误解和猜疑。

此外，还要灵活应对并寻求共同点，如根据对方文化调整自己的沟通方式，在高语境文化中注重非言语线索，理解并尊重对方的决策流程和节奏，不急于求成。比如，在与日本公司谈判时，可以通过注重礼节和细节来展示尊重；另外，还可以集中讨论双方共同利益，减少文化差异带来的冲突。例如，在与瑞典公司谈判时，可以通过强调双方的共同目标和利益，让文化差异带来的分歧最小化，找到互利的解决方案。

融资问题的解决

2016年，AT&T收购时代华纳时遇到了融资问题，主要是如何筹集足够的资金来完成这笔854亿美元的巨额交易。为了解决这个问题，AT&T采用了债务和股权融资的结合方式，成功筹集了超过400亿美元的贷款和债券发行。然而，这笔巨额债务也引发了市场对AT&T财务状况的担忧，导致其股价在并购消息公布后出现波动。此外，融资和交易结构还受到美国司法部的严密审查，延长了并购的完成时间，但最终还是完成了交易。

2018年，沃尔玛在收购印度电商Flipkart时面临的主要融资问题是如何在不大幅稀释现有股东权益的情况下，筹集到160亿美元的交易资金。

沃尔玛通过发行新股和部分现金支付完成了交易，同时引入了其他投资者以分散融资风险。这次收购是沃尔玛进军印度市场的重要一步，体现了其长期战略布局的信心。尽管股权融资稀释了现有股东的权益，但市场对沃尔玛拓展新市场的前景表示看好，股价总体上表现稳定。

2019 年，阿斯利康在与戴尔制药合并时，面临的融资问题是如何在不显著增加公司财务风险的情况下，筹集到 390 亿美元的并购资金。阿斯利康通过发行债券、股权和部分现金支付来完成交易。这种多元化的融资方式帮助公司在保持财务稳定性的同时，筹集了足够的资金。并购后，阿斯利康采取了积极的债务管理策略，通过出售部分非核心业务来偿还部分债务，从而进一步增强了公司的财务稳定性。这次合并带来了显著的协同效应，融资结构设计也充分考虑到了并购后整合的资金需求。

此外，市场和监管机构的反应也需要企业在设计融资方案时加以考虑。市场可能会对大规模的债务融资表示担忧，导致公司股价波动；而监管机构可能会对复杂的融资结构进行严格审查，延长并购的完成时间。

在企业并购过程中，融资问题是多种多样的，不同问题的解决方式也各有利弊。常见融资问题包括如何筹集足够的资金来完成交易、如何选择最合适的融资方式以保持公司的财务稳定性，以及如何应对市场和监管机构对融资方案的反应。解决这些问题的方式，包括股权融资、债务融资、混合融资等，每种方式都有其优点和缺点。比如，在筹集资金时，企业主要想解决的问题是如何在不显著增加财务风险的情况下获得所需的资金。如果选择股权融资，虽然可以避免增加债务负担，但会稀释现有股东的权益。如果选择债务融资，则会增加公司的财务压力和风险。

除了股权融资、债务融资和混合融资这三种主要方式外，还有其他多种融资方式和工具，以下是一些常见的替代融资方式：

（1）资产剥离。企业可以通过出售非核心资产或业务部门来筹集并购资金。这种方式不仅可以获得资金，还可以使企业更加专注于核心业务。比如，某制造企业为了筹集资金收购一家同行业的小型公司，出售了旗下一个不相关的物流子公司，从而获得了足够的资金，并完成了并购。

（2）杠杆收购。收购方通过大量借款（通常以被收购公司的资产作为抵押）来完成收购。比如，一家私募股权公司通过高额借贷，以较低的自有资金收购了一家业绩良好但股权分散的公司，成功实现了对该公司的控制。杠杆收购通常由私募股权公司使用，以最小的股本投入获得控制权。

（3）夹层融资。是介于债务和股权之间的一种融资方式，通常包括优先股、可转换债券或次级贷款。比如，某科技公司在进行并购时，其融资方式中包括可转换债券，在未来条件满足时可转换为股权。夹层融资提供了较高的灵活性，通常用于填补融资缺口。

（4）卖方融资。在这种情况下，卖方同意分期收取部分或全部对价。比如，一家房地产公司在出售一处大型商业地产时，同意买方采用卖方融资的方式，分五年支付全部款项。卖方融资可以缓解买方的资金压力，并促进交易的达成。

（5）战略合作伙伴。寻找战略合作伙伴共同进行并购，可以分享资金需求和风险。这些合作伙伴通常是对并购后的公司有共同利益的企业。例如，谷歌与投资公司银湖合伙公司（Silver Lake Partners）合作收购摩托罗拉移动，这使谷歌不仅获得了必要的资金，还通过银湖合伙公司的技术和市场经验减轻了并购风险。

（6）风险投资和私募股权。通过吸引风险投资或私募股权基金进行融资，可以为并购提供资金支持。这些投资者通常对并购后的企业有更高的增长预期。比如，2018年，私募股权公司KKR为联合利华（Unilever）的并购提供资金支持，帮助联合利华收购好立克（Horlicks）品牌，从而加强了其在健康饮品市场的地位。

（7）债务交换。企业可以通过与债权人协商，将现有的债务转换为新的债务工具或股权，从而减轻资金压力。比如，某科技公司在收购一家初创企业时，协商将部分未偿还的债务转换为公司股份，从而减少了现金流出的压力，并增强了双方的合作关系。

（8）股权合伙。与其他投资者组成合伙关系，共同投资并购项目。合伙人共同分担风险和收益。2017 年，软银与其他投资者合伙组成财团，共同出资收购优步的大量股份，通过合伙投资方式降低了各自的风险，同时共享未来的收益。

无论采用何种融资方式或多种方式的组合，都是为了解决企业在并购过程中的融资问题，这些问题通常基于企业的现实情况、风险偏好、现有融资资源等因素。

企业的现实情况会直接影响融资方式的选择。例如，财务状况较好的企业可能更倾向于股权融资，而财务状况紧张的企业可能需要依赖债务融资或资产剥离来筹集资金。此外，企业的资产负债情况和现金流量，也会在很大程度上决定其可行的融资路径。

风险偏好也是一个重要的考量因素。企业及其管理层的风险承受能力会影响融资决策的方向。风险偏好较低的企业通常会选择较为保守的融资方式，如股权融资或与战略合作伙伴合作，以降低风险。而风险偏好较高的企业，则可能选择杠杆收购或夹层融资等高风险高回报的方式，希望通过更激进的策略实现更大的回报。

现有的融资资源也对融资方式的选择起着关键作用。例如，拥有良好投资者关系和市场信用的企业更容易获得私募股权融资，而那些拥有大量可出售资产的企业可能会选择资产剥离作为筹资手段。企业现有的融资渠道和资源，决定了其在并购过程中能够获得的资金来源和条件。

第十章　如何签订协议

协议关键条款解读

最终并购协议是交易达成文档中的基础文件，其名称中通常包含"协议""并购""收购"等词，其内容明确了双方在交易达成之前和之后的全部权利和义务。从本质和形式上来说，并购协议属于合同的一种，是当事人之间设立、变更、终止民事权利义务关系的协议。它通常具备合同的基本要素，如合同当事人（收购方和被收购方）、合同标的（被收购的股权或资产）、合同价款及支付方式、履行期限和方式、违约责任等。但在这些基本要素之外，并购协议还包含以下关键条款，按重要性排序如下：

1. 价格

收购价格或者全价（即通常所说的"定价"）可能会在交易达成时确定，或者可能考虑到未来的调整，并与未来的业绩挂钩。例如，在一家科技公司收购案中，最终的收购价格可能会根据该公司未来两年的收入增长来进行调整。

在资产交易中，常见的做法是将现金从标的企业的资产负债表上去除。例如，一家制造企业决定购买另一家企业的生产设备和厂房，而不是整体收购该企业。在这种情况下，交易双方会将现金从被收购企业的资产负债表上去除，以确保交易只涉及具体的实体资产，如厂房和生产设备。诸如厂房和有形资产的收购价格是固定的，而收购流动资产的价格则将依赖于交易达成时的审计结果。

此外，收购价格还可能包括一部分延期付款或业绩奖励（Earn-out）条款，即在交易完成后的一段时间内，基于目标公司实现的特定业绩指标支付额外款项。例如，一家公司在收购一家初创企业时，可能会设定一个目标，如果该初创企业在未来三年内实现预期的收入增长，收购方将支付额外的奖励款项。这种做法有助于确保目标公司管理层在交易完成后仍然有动力实现业绩目标。

2. 交易条件

交易条件包括常说的"对价"，但还涵盖支付方式、收购的特定资产或股份的具体范围和性质、交易的结构等多个方面。

在资产或股份收购中，交易条件规定了支付方式，以及具体收购哪些资产或股份。比如，一家公司可能会用现金支付来收购另一家公司的一部分股份，或者购买其某些特定的资产，如设备和知识产权。

对于兼并，协议中的这一部分则规定了收购方和被收购方的股票交换数量或比例。例如，在一家大公司兼并一家小公司时，协议可能会规定每10股小公司股票可以换取1股大公司股票。这也是对价的一种形式。

此外，交易条件还可能包括支付的时间安排和支付方式的细节，如分期付款、延期付款或一次性支付；可能涉及其他形式的对价，如债务承接或票据支付。

3. 陈述和担保

陈述和担保是买方与卖方对事实的声明。在实际使用中，这两个术语几乎没有区别。它们主要服务于三个目的：披露、终止权和补偿权。

陈述和担保条款要求全面披露涉及交易的所有信息，通常涵盖双方最关注的领域。这些领域包括财务报表、公司组织结构和信誉、资本总额、未披露的负债、未结法律诉讼、合同、资产所有权、缴税和退税、是否违反法律法规、员工福利计划、用工情况和保险范围。

陈述和担保涉及的方面和内容主要包括：

持续性。陈述和担保通常不仅在签署协议时有效，还会在交易完成后的一段时间内持续有效。这个持续时间可能会在协议中明确规定，以确保买方在交易完成后仍然受到保护。

例外情况。协议中可能会包含特定的例外情况，即允许卖方在某些条件下不承担陈述和担保的责任。这些例外情况通常需要在协议中明确列出。

法律审查。为了确保陈述和担保的准确性与全面性，双方通常会进行详细的法律和财务尽职调查。这些调查有助于揭示潜在风险，并确保所有重要信息都被披露。

争议解决。协议中可能还会包含关于如何解决因陈述和担保引起的争议的条款。这些条款会规定争议解决的机制，如仲裁或诉讼的具体程序。

终止权。陈述和担保条款通过设定交易达成的条件来降低风险。在交易达成时，需要重新审阅那些涉及业务和财务的陈述，以确保在协议签署和交易实际结束期间其准确无误。如果在此期间标的企业的业务或财务状况发生显著变化，收购方就有权终止交易。

补偿权。在交易中，特别是涉及非上市企业时，有些陈述和担保将延伸到交易之外，作为补偿的基础。例如，买方可能因交易达成后发生的额外成本而得到补偿。假设卖方声称没有未结案诉讼，但在交易达成后发现该声明有误，就会导致买方为了解决在控制权转移前的法律纠纷而增加了成本。我们将在本章后半部分更详细地讨论这个问题。

4. 交易达成的条件

在并购协议中,"交易达成的条件"条款规定了在交易正式完成前必须满足的特定条件,这些条件决定了协议方是否必须执行交易。

最重要的交易达成条件是"一致性条款",要求在签约时所做的陈述和担保,在交易达成日仍然保持真实,以确保在交易过程中没有重大变化或误导性信息。

此外,交易达成的条件还包括获得所有必要的法律意见,如监管机构的批准,或第三方的同意。此外,还可能要求执行其他相关协议,如期票,以确保交易的合法性和合规性。

另一个关键条件是标的企业未发生任何"明显的不利变化"(Material Adverse Change, MAC)。在2015年股市大幅波动期间,一些企业在签署并购协议后,因股市下跌导致财务状况恶化,便试图通过 MAC 条款解除协议。MAC 条款在谈判中具有挑战性,主要在于如何定义"显著变化"。例如,如果企业的核心客户流失或关键供应链中断是否构成显著变化?由于 MAC 条款的模糊性,合同中的措辞通常不明确,这使得许多收购方在条件不利时可以解除协议。同样,贷款人也可以利用这些条款撤回融资。

为了减少风险,协议中还可能包括关于标的企业业务运营的持续性条款。例如,要求标的企业在交易完成前保持正常运营,不进行重大资本支出或变更业务策略。这些条款旨在确保标的企业在交易完成前的稳定性和可预见性。

为了确保透明度和双方的信任,交易达成条件通常还包括详细的尽职调查要求,以确保所有重要信息和潜在风险在交易前都能得到充分的披露与评估。

5. 补偿

在并购协议中,补偿条款规定了在交易完成后,因非一方原因导致的损失应由另一方负责偿还，以确保在出现表述错误或违反承诺、契约的情况下，卖方需要向买方提供赔偿或者免除其责任。同时，买方也应同意在特定情况下补偿卖方。

补偿条款通常涉及以下几个方面：

（1）损失补偿。如果卖方在交易中提供了错误的陈述或违反了协议中的承诺，导致买方在交易完成后遭受损失，卖方需要对此进行赔偿。例如，如果卖方声称其企业没有任何未结的法律诉讼，但交易后发现有未披露的诉讼，导致买方产生额外的法律费用，卖方应对此进行赔偿。

（2）限制补偿条款的有效期限。为了避免长期的潜在责任，双方通常会限制补偿条款的有效期限。一般来说，这一期限至少需要涵盖一个完整的经营和审计周期（通常为一年）。某些补偿要求，如环境责任，可能会超出这一有效期，因为这些问题可能在更长时间内才会显现。

（3）最低补偿金额。补偿条款通常会设定一个最低金额门槛（通常以人民币金额表示），只有当损失超过这一门槛时，受损方才能向对方提出补偿要求。这是为了避免频繁的小额索赔，简化补偿程序。

（4）补偿保险。企业可以购买担保或补偿保险，以在出现违反并购协议或担保条款的情况下获得损失赔偿。这种保险可以为双方提供额外的财务保障，减少风险。

6. 债务的承担

在并购交易中，卖方应继续对买方未承担的债务负责。这些债务包括环保义务、未支付的税款、养老基金未足额缴纳、未结清的供应商账款、未支付的工资和福利、未偿还的贷款、知识产权纠纷、未履行的合同义务以及潜在的法律诉讼等。在这些情况下，法院可能会继续追究卖方和买方的责任。

如果买方同意承担所有债务，则意味着买方将在并购或股份收购中，承担目标公司的所有已知和未知的债务,可能包括各种负债,如贷款、应付账款和其他财务义务。

7. 支付机制

在交易达成时,常见的付款方式多样,除了电汇或支票,还可能包括银行转账、第三方支付平台转账等。买方不仅可能通过开出期票的方式推迟一部分收购款的支付,还可能采用分期付款的模式,按照约定的时间节点和金额逐步支付。此外,买方可能同意将未支付的收购对价部分存入监管账户或暂时扣发,以应对未来可能产生的赔偿要求。在实务操作中,还可能存在以股权置换、资产抵押、债务承担等方式来实现部分支付。同时,对于涉及金额较大的并购交易,可能会引入银行保函、信用证等金融工具来保障支付的安全性和及时性。

8. 收购价格的分配

收购价格的分配,指的是在并购交易中总收购价格在不同资产类别之间的划分和归属。

在实际的并购操作中,买方往往倾向于将较大份额的收购价划归为可折旧的资产,如固定资产、客户清单以及不竞争协议等。这是因为通过对这些可折旧资产进行折旧计算或者分摊,能够在未来减少应税收入,进而降低自身的税负成本。

然而,这种分配方式可能会致使卖方的收入需要承担更多的税款。鉴于此,为避免在报税环节产生利益冲突,在交易达成之前,双方必须就资产交易中的收购价格分配方式展开充分且细致的协商,并达成统一意见。

9. 契约

契约条款是各方同意采取或禁止采取某些行动的协议。通常,它们规定在签署正式协议到交易达成之间的行为规范。卖方可能会被要求继续正常运营业务,但在发生非常规支出(如一次性分红或大额管理层补偿)

时，需要事先申请批准。

不同于陈述和担保，契约与具体时间点无关，而是涉及签署协议与交易达成之间的行为。契约通常不会在交易达成时失效，有时还会继续生效。例如，买方可能出具契约规定在资产出售后解散企业。

契约可以是消极的（限制性）或积极的（要求性）。消极契约限制一方采取某种行动，例如，禁止在签署协议和交易达成期间未经买方同意发放红利或出售资产。积极契约则可能要求卖方继续以既往方式运营公司。例如，卖方可能被要求在协议签署后不得进行重大支出，如购买新的办公楼或进行大规模广告投放，以确保企业的财务状况在交易完成时与签署协议时一致。

10. 融资意外事件

该条款允许买方在无法获得足够资金完成交易时，免于执行合同条款。这在保护买方的同时，也明确了融资风险的承担。此条款涉及：

（1）违约费。为了确保买方尽最大努力获得融资，协议中通常会设置违约费。如果买方未能获得融资并因此未完成交易，则需要支付违约费作为惩罚。

（2）保证金。卖方可能要求买方在监管账户中存放一笔不可取回的保证金。如果因融资问题无法完成交易，这笔钱将被卖方没收。

（3）重大不利变化条款（MAC 条款）。如果贷款方违反贷款承诺，导致融资意外事件发生，可能会触发 MAC 条款，从而进一步影响交易的完成。这一条款保护了买方在遭遇融资问题时免受进一步的法律和财务风险。

11. 其他完成交易所需文件

在并购交易过程中，要实现交易的顺利完成，还需要准备大量的文件，如与专利相关的文件，包括专利许可、专利使用费协议；商标的名称及商标本身；劳动雇佣合同；租约；抵押、贷款协议以及信用额度相关文件；股票和债券的承诺及详细内容；与供应商和客户签订的合同；分销商和销售代表协议、股票期权和雇员激励计划、员工保健及其他福利计划；所有境外专利、设施和投资的完整描述；保险单、保险责任范围以及未处理的索赔；中介费的安排；针对双方的未决法律纠纷；已解决或正在处理中的环保合规事宜；买方公司的董事会会议纪要、其他重要委员会的信息、公司章程、规定、股票证明以及公司印章，均属于最终完成交易所需的文件。

12. 整合条款

在并购协议中，虽然并不总是存在，但随着并购交易的日益成熟和规范化，越来越多的并购协议开始纳入一定程度的整合计划框架，以提高并购的成功率和效果。这些条款明确了并购完成后，双方在业务整合、管理团队融合、系统和流程统一等方面的权利和义务。

（1）业务整合计划。详细说明在交易完成后的具体业务整合步骤和时间表。比如，如何将两家公司重叠的业务部门进行合并、冗余岗位的处理以及新的业务架构的建立等。

（2）管理团队整合。规定并购完成后，原有管理团队的去留、角色调整和新管理团队的组建，以确保在整合过程中保持公司的稳定性和连续性。比如，规定某些关键管理人员在并购完成后的一段时间内继续留任，以帮助新公司平稳过渡。

（3）系统和流程统一。可能包括IT系统的兼容和统一、财务系统的整合以及业务流程的标准化。这些步骤通常需要详细的计划和充分的准备，以避免在整合过程中出现系统冲突或业务中断。

（4）文化融合。涉及企业文化的融合措施，如员工培训、企业文化宣传和融合活动等。

（5）监督与执行机制。包括成立专门的整合团队、定期审查整合进展、设立关键绩效指标（KPI）和定期报告制度等。

确保协议的法律效力

确保并购协议的法律效力的关键步骤包括以下两点。

1. 合法合规性

在尽职调查期间进行法律审查，核查目标公司的法律文件，确保其是合法合规运营的，包括合同、诉讼和知识产权状况。确保协议的内容及条款符合国家和地区的法律法规，特别是涉及公司法、证券法、反垄断法、劳动法等相关法律。对于特定行业，还需遵循行业监管规定。

根据法律规定，某些并购交易可能需要经过政府部门的审批或备案，如反垄断审查等，买方的法律顾问应及时办理相关手续，以确保交易符合证券法、反垄断法和公司法的相关规定。聘请专业律师，确保协议由经验丰富的并购律师起草和审查。重大关注问题都须得到解决，所有由中国证监会和国家市场监督管理总局要求的文档都应备案。监管合规，确保协议符合相关法律法规，必要时应获得相关监管机构的批准。最后要注意，许多交易需要收购方和标的企业股东的批准，因此要确保目标公司和收购公司股东大会通过协议。

2. 合同条款的明确性

详细描述交易结构，包括购买价格、支付方式、时间表等。附加条件明确规定交易完成的前提条件，如监管批准、第三方同意等。陈述与保证，包括双方对各自情况的保证，违约时的责任和赔偿。赔偿条款要明确因对方违约或虚假陈述而造成损失时的赔偿机制。

协议中的条款应清晰、准确，不存在歧义，双方的权利和义务表述也应明确，避免使用模糊、笼统或容易引起误解的语言。协议应是双方基于真实意愿签订，不存在欺诈、胁迫、重大误解等导致意思表示不真实的情形。收购方和被收购方应具备合法的主体资格，具有签订和履行协议的能力。例如，公司应依法注册成立，不存在被吊销营业执照等丧失主体资格的情况。

遵循法律规定的合同形式要求，如书面形式、公证要求等。按照法定程序进行协商、签署和交付协议。签署正式协议，确保协议由授权代表签署，并在有需要的情况下进行公证。交割时，在满足所有前提条件后，完成最终交割，包括资产转移、支付对价等。

后续监督与执行

并购协议的后续监督与执行，主要涉及协议中必须加以监督和执行的关键条款，如价格条款、交易条件以及陈述和担保条款等。

1. 价格条款

价格条款的后续监督与执行，重点关注定价调整机制和延期付款与业绩奖励的落实情况。

在许多并购交易中，收购价格并不是固定不变的，而是与目标公司的未来业绩挂钩。例如，在科技公司收购案中，最终收购价格可能会根据未来两年的收入增长情况来进行调整。对此，监督方需定期评估目标公司的实际业绩，并根据协议中的调整机制，计算出最终的收购价格，以确保价格调整符合双方约定的标准。

延期付款条款是指在交易完成后的一段时间内，买方基于协议约定逐步支付剩余收购款项。这一过程中，监督方需确保买方按时支付，并监控资金流向，记录每次支付的时间和金额，避免因买方财务问题导致的支付违约，并确保交易记录的准确性和完整性。

业绩奖励（Earn-out）条款是指在目标公司实现特定业绩指标后，买方向卖方支付额外款项。监督方需定期审核目标公司的业绩情况，确保其符合协议中的奖励条件。一旦目标公司达成业绩指标，买方需按时支付业绩奖励款项。监督方应建立详细的业绩监控体系，并记录奖励支付过程，以确保奖励款项的发放符合协议约定。

2. 交易条件

交易条件涵盖支付方式、收购资产或股份的具体范围和性质等。不同并购交易可能会采用多种支付方式，包括现金支付、分期付款和延期付款等。监督方需确保买方按协议约定的方式和时间节点进行支付，并记录每次支付的具体信息，定期核对支付记录，避免支付延迟或违约，同时确保支付过程的透明性和准确性。一旦发现支付延迟或违约，监督方应及时通知相关方并采取相应措施。

监督方还需确保特定资产或股份的交割过程符合协议约定，并监控交割过程中可能出现的问题。例如，在资产交割过程中，监督方需确保资产清单的准确性，避免遗漏或误差。

交易结构包括收购的具体方式，如资产收购、股份收购或整体收购等。监督方需确保交易结构的执行符合协议约定，并对交易过程中可能出现的结构调整进行监督。例如，在股份收购中，监督方需确保股份转让的合法性和合规性，避免因交易结构问题导致的法律风险。

3. 陈述和担保条款

陈述和担保条款要求双方全面披露涉及交易的所有重要信息，如财务报表、未结法律诉讼、资产所有权等。监督方需确保双方在交易过程中准确、完整地披露相关信息,并记录披露的具体内容。一旦发现信息披露不完整或不准确,监督方应及时纠正,避免因信息不对称导致的交易风险。

陈述和担保条款通常不仅在签署协议时有效,还会在交易完成后的一段时间内持续有效。监督方需在交易完成后,定期审核相关陈述和担保的信息,以确保其在有效期内的准确性和合法性。例如,监督方应定期检查目标公司的财务状况和法律诉讼情况,并确保其在交易后未发生重大变化。

并购协议中可能包含特定的例外情况,允许卖方在某些条件下不承担陈述和担保的责任。监督方需详细记录这些例外情况,并在交易过程中监控其发生的可能性。一旦发生例外情况,监督方应及时通知相关方并采取适当措施,以确保交易的合法性和合规性。

陈述和担保条款中可能会规定因信息披露不准确或违反担保引起的争议解决机制,如仲裁或诉讼程序。监督方需确保争议解决机制的执行符合协议约定,并在争议发生时及时介入,提供必要的支持和协调。例如,在仲裁过程中,监督方应确保仲裁程序的公正性和透明性。

4. 交易达成的条件

一致性条款,是指在并购协议中,规定协议各方在从签约到交易完成及后续的特定时间段内,在陈述与担保、义务履行、决策制定、信息披露等多个方面保持行为、陈述和操作的一致性,以保障并购交易的顺利进行和各方权益。一致性条款在协议签订后通常是需要监督的,以确保各方切实遵守协议中的规定。

比如,在信息披露的一致性方面,如果不进行监督,可能会有一方延迟或不准确地提供关键信息,导致另一方做出错误的决策。又如,在决策的一致性上,可能因为新的市场变化,一方想要改变原有的决策方式,如果不监督,可能会引发双方的矛盾。

在交易达成前，可能需要执行其他相关协议，如期票、租赁协议或供应合同等。监督方需确保这些协议的执行符合并购协议的要求，并监控其执行过程中的任何偏差或违约行为。如果发现问题，须及时介入并采取适当的纠正措施。

5. 补偿条款

补偿条款规定了在交易完成后，因非一方原因导致的损失应由另一方负责偿还。在交易完成后，若一方因另一方的陈述或担保错误而遭受损失，可以提出补偿请求。监督方需确保补偿请求的提出符合协议的规定，并对其进行详细审核，确认损失的真实性和补偿金额的合理性。一旦确认了补偿请求的有效性，需按照协议规定的时间和方式支付补偿金额。监督方需确保补偿金额的支付按时进行，并记录支付的详细信息，以确保支付过程的透明性和准确性。如果出现支付延迟或争议，须及时介入协调解决。

补偿条款通常设有有效期限，以限制双方在特定时间内提出补偿请求。监督方需确保在有效期限内，任何补偿请求均得到及时处理和审核，避免因超过有效期限导致的纠纷。

为避免频繁的小额索赔，补偿条款中通常设有最低金额门槛。监督方需管理和监控所有补偿请求，确保其符合最低金额门槛的规定。对于不符合门槛的请求，须及时通知相关方并进行合理解释。

6. 债务的承担

并购交易中，卖方应继续对买方未承担的债务负责。监督方需定期审核这些债务的清偿情况，如未结供应商账款和员工工资福利，并确保这些债务的支付按时进行，避免因支付延迟或违约导致的法律风险和运营问题。

如果买方同意承担目标公司的所有债务，监督方就需对这些债务进行全面监控与管理，以确保买方有足够的财务能力和管理机制来处理这些债务。

7. 支付机制

并购交易中的支付方式多种多样，包括电汇、支票、银行转账等。监督方需确保所有支付方式的执行符合协议约定，并记录支付过程中的具体信息。对于期票、分期付款等复杂支付安排，监督方需密切关注支付时间和金额，并确保买方按时履行支付义务。必须定期核对支付记录，并及时发现和处理支付中的任何异常情况。

在某些并购交易中，部分收购款项可能会存入监管账户，监督方需定期核查监管账户中的资金情况，确保资金按协议规定使用。

对于涉及金额较大的并购交易，银行保函、信用证等金融工具常用于保障支付的安全性和可靠性。监督方需确保这些工具的执行符合协议要求，并定期审核其有效性。

8. 收购价格的分配

在交易完成后，买方需根据分配方案对可折旧资产进行折旧计算。监督方需确保折旧计算过程准确无误，并符合相关财务和税务法规。定期审核折旧记录，确保折旧费用合理分摊，避免因错误计算而导致的税务风险。

为了确保税务合规，监督方需定期审核交易双方的税务申报情况，确保其符合相关法律法规。尤其在涉及跨境交易时，需特别关注各国税务政策的差异，避免因税务合规与否问题引发法律风险。监督方还需提供必要的税务咨询服务，以帮助双方合理规划税务事宜，并最大限度降低税务成本。

9. 契约条款

消极契约限制一方在签署协议与交易达成期间采取某些行动，如禁止未经买方同意发放红利或出售资产。监督方需严格监控这些限制性条款的执行，确保卖方在交易完成前不会进行重大支出或资产转移，保持企业的稳定性和财务状况的一致性。如果发现违规行为，须及时通知相关方并采取纠正措施。

积极契约则要求卖方在签署协议后继续以既往方式运营公司，如正常生产经营，维持业务连续性。监督方需确保卖方按协议要求持续运营，并记录运营情况，防止出现重大变动。

在签署协议与交易达成之间，卖方可能会有非常规支出，如一次性分红或大额管理层补偿。监督方需对这些支出进行审批，确保其合理性和必要性。如果发现未经批准的支出，则须及时采取纠正措施，以维护买方的利益。

为确保企业在交易达成前的正常运营，监督方需密切关注企业的运营活动，确保其按既定计划执行。定期审查企业的财务报表和运营报告，确保其与协议签署时的状况一致。如果发现异常情况，须及时采取措施，防止其影响交易的顺利进行。

10. 融资意外事件

为了确保买方尽最大努力获得融资，协议中设置了违约费。监督方需确保违约费条款的执行，应及时收取违约费用，并记录相关信息，以确保其符合协议规定。

卖方可能要求买方在监管账户中存放一笔不可取回的保证金，以确保交易的安全性。监督方需定期核查保证金的存放情况，并确保资金安全。如果因融资问题无法完成交易，为了确保卖方的利益，需按协议规定处理保证金。

重大不利变化（MAC）条款允许买方在目标公司发生重大不利变化时终止交易。监督方需密切关注目标公司的运营情况，及时发现和评估可能触发 MAC 条款的事件。例如，目标公司的财务状况显著恶化或关键客户流失，都可能构成重大不利变化。监督方需在发现重大不利变化后，立即通知相关方并评估其影响，以确保交易过程的公平性和买方的利益。

下篇
并购后的整合

第十一章 并购后如何重组

业务整合策略

2010年,美国联合航空和大陆航空宣布合并。这次合并不仅让两家公司联合成了全球最大的航空公司,也为整个行业带来了深远的影响。整合的目标十分明确:通过资源整合和业务优化,提升运营效率,扩大市场份额,并最终实现每年12亿美元的成本节约。

然而,整合的过程却充满挑战。从一开始,整合团队便面临巨大的压力。两家公司的运营系统复杂且各不相同,需要整合的独立系统、程序和通信协议多达1400个。更为棘手的是,两家公司员工分属于不同的工会,遵守不同的工作规定,甚至两家公司飞机的内部结构也存在显著差异:联合航空的飞机设有头等舱,而大陆航空的飞机只有商务舱和经济舱。这些差异使得整合工作复杂且漫长。

为了应对这些挑战,33支跨部门整合团队迅速组建起来,团队成员来自技术、人力资源、机组管理、线路规划等多个功能部门。他们共同做出了数千个决定,从用最快方法放行1260个航班的乘客,到为飞行常客计划提供额外补贴等。

尽管团队努力工作,但整合过程依然困难重重。比如,联合航空的机师拒绝接受大陆航空的飞行手册培训，他们甚至因其雇主在谈判达成新的劳动协议方面速度过慢，而提起了一个不成功的诉讼。客户对大陆航空代理商无法回答有关联合航空公司航班的问题感到不满，这些都影响了合并后的服务质量。2012年3月3日，两家航空公司合并订票系统、网站和飞行常客计划时，又出现了新的问题。飞行常客感到被疏离，订票系统混乱，航班延误频发，结果是收入远远低于预期水平。

整合的耗时远超预期，直到2012年年底，合并的相关支出高达近15亿美元。管理层不得不面对巨大的财务压力和运营困境，但他们依然坚定不移地推进整合工作。随着时间的推移，通过不断地调整和优化，两家公司的业务逐渐融合，运营效率逐步提高。

在并购交易达成后，整合就成为重中之重。业务整合的困难包括业务流程的重组、产品和服务的整合、市场与销售渠道的协调、企业文化冲突、员工抵触情绪、客户流失风险、供应链管理挑战以及信息系统的整合难题等。

有些买方是为了再出售而收购企业，这被称为财务型买方。他们不会将收购的业务并入另一个实体，不会管理日常业务，也不特别关心整合的成功。而本书关注的是那些希望通过长期管理和优化来获取利润的买方，即战略型买方。他们会将收购的业务整合到现有的运营中，积极管理日常业务，追求持续的改进和增长。因此，业务整合策略在这种情况下变得尤为重要，包括以下几个方面。

1. 收购后的整合组织

在交易结束前就应提前设立收购后的整合组织，该组织应有明确的目标和职责。整合组织包括管理层整合团队（MIT）和执行特定整合计划的工作团队。工作团队应吸收来自收购方和标的企业的人员，以确保整合过程中能利用双方的专业知识和资源。

管理层整合团队中的高层经理负责实现交易前尽职调查中确定的协同

效应。MIT 在整合阶段的重点应该放在能为股东创造最大价值的活动上。将两家企业的高层管理者纳入整合团队，不仅可以确保最优秀的人才能参与整合，还能向全体员工传递信心，表明决策者对具体情况的了解一致。此外，MIT 应设定整合的优先事项、协调各部门的整合工作，并解决整合过程中出现的关键问题。

工作团队则侧重于具体的执行任务，如业务流程整合、系统整合、文化融合等。他们的职责包括详细的计划制订、资源分配、进度跟踪和报告，以及在整合过程中不断调整策略以应对新的挑战。

2. 整合计划的制订

包括定义整合目标，制订详细的整合计划，以及资源配置。明确整合的短期和长期目标，如市场份额增长、成本节约、提高运营效率等。制定各个部门的整合步骤和时间表，确保整合过程有条不紊地进行，并确定整合过程中所需的资源，包括人力、资金和技术支持。

3. 产品与服务整合

评估两家企业的产品线，识别重叠和互补的产品，进行合理整合和优化。统一客户服务标准，提高客户满意度，确保客户在整合过程中不受影响。

4. 市场与销售整合

制定统一的市场营销策略，充分利用两家企业的市场资源和品牌影响力。优化和整合销售渠道，提高销售效率和市场覆盖率。

5. 供应链整合

评估和整合两家企业的供应链，减少成本，并提高供应链的反应速度和灵活性。整合供应商资源，建立更紧密的合作关系，提高供应链的整体效率。

6. 系统与流程整合

主要包括以下几个方面。

（1）业务流程整合。对两家企业的业务流程进行评估、优化和整合。

（2）信息系统整合。对两家企业的 IT 系统进行评估和优化整合。

（3）财务和行政整合。统一财务管理制度和流程，优化行政资源配置。

（4）调整和监控。设立整合监控机制，定期监控和评估整合进展，及时调整整合策略，以确保整合计划的顺利实施，并根据整合过程中发现的问题和不足，持续改进整合方案，提高整合效果。

组织架构调整

2006 年，华特迪士尼公司以 74 亿美元的价格收购了皮克斯动画工作室。在交易后的整合过程中，迪士尼特别注重组织架构的调整，采用了双重领导结构，保持了皮克斯的独立性，同时使其与迪士尼的动画部门紧密合作。艾德·卡特姆和约翰·拉塞特继续领导皮克斯，也被任命为迪士尼动画工作室的高层。艾德·卡特姆成为迪士尼动画和皮克斯的联合总裁，约翰·拉塞特则成为两家公司的首席创意官，这使得皮克斯的创意和管理理念能够更好地渗透到迪士尼，既保留了皮克斯的创新文化，又引入了迪士尼的资源和影响力。

为了促进两家公司的协作，迪士尼对其动画部门进行了重新调整，使其更接近皮克斯的运作方式。两家公司开始共享技术资源，特别是在动画制作和渲染技术上。迪士尼还成立了跨公司团队，以确保项目之间的无缝合作。

迪士尼和皮克斯还共同制定了新的创意流程，这一流程要求两家公司在项目开发的早期就进行密切合作和交流，并意味着组织结构中需要设立跨部门和跨公司的合作团队。这些团队负责确保两家公司在创意开发过程中的无缝衔接，从而提升整体项目质量。为了实施这一流程，迪士尼与皮克斯都需要调整内部的管理架构和工作流程，包括重新定义各自团队的职责和权限，以便在合作过程中更加高效。此外，高层管理人员对项目进行共同监督和指导，也意味着在组织架构中需要引入新的管理层级或职能，以支持这一过程。

整合后，迪士尼动画工作室的创新能力显著提升。皮克斯的技术和创意理念被广泛应用于迪士尼的动画制作中，从而使迪士尼的动画电影在质量和票房上都取得了显著的提升。并购后的整合使迪士尼和皮克斯实现了双赢。

在企业并购后的整合过程中，组织架构的调整直接影响着整合的效率、文化的融合以及公司的长期成功。

通过调整组织架构，能够确保有效的领导和管理。明确新的领导层和管理层的职责，可以保证并购双方在新的组织中有明确的方向和目标。例如，在一家科技公司收购了一家创新型初创企业后，新的管理团队进行了重新配置，使得初创企业的创始人担任新公司的首席技术官，继续领导技术研发团队。这不仅保留了初创企业的创新能力，还引入了科技公司的资源和市场渠道。此外，组织架构的调整还可以优化资源的配置，使得并购双方能够更好地共享技术、知识和人力资源。通过建立跨部门的合作团队，两家公司在新产品开发和市场推广方面实现了无缝衔接，从而提升了整体项目的质量和创新能力。

不同公司有不同的文化，而通过组织架构的调整，可以制定明确的交流和合作机制，从而促进员工之间的互动和理解，减少文化冲突。

调整组织架构还可以重新定义各部门和团队的职责与权限，使得组织更加灵活和高效。例如，在一家大型制造公司收购了一家机器人技术公司后，新的组织架构将原本独立的研发部门和工程部门进行整合，形成一个跨职能的创新团队。这个创新团队由机器人技术公司的专家和制造公司的工程师共同组成，负责从初期概念到最终产品的全过程开发。通过这种整合，该企业不仅加快了新产品的研发速度，还提高了资源的利用效率。此外，新的组织架构还赋予了团队更多的自主权和决策权，使他们能够更快地响应市场变化和客户需求，从而使整个组织变得更加灵活和高效。

建立新的组织架构，需要了解标的企业过去的组织架构，并分析新组织的作用以及未来的业务需求。通过研究之前的组织结构，可以掌握两家企业的员工在新公司中的互动模式，因为过去的架构反映了员工在汇报关系上的过往做法和未来的期望。

一般的组织结构包括职能型、产品或服务型以及事业部型，三种类型结构的分权普及程度依次比前者更高，即职能型集权程度最高，产品或服务型适中，事业部型分权程度最高。并购后需要为新企业建立一个能够满足业务需求的组织结构。

对分权的普及程度的需求会随着经济状况的变化而不同。

在经济衰退期，高管通常面临巨大的降低成本压力，公司可能倾向于采用集权管理结构。然而，当经济复苏时，公司可能会倾向于分权。

高度分权的结构由于缺乏解决问题或做决策的权威，可能会拖慢整合进程。例如，一家全球知名的科技公司在收购一家小型软件开发公司后，由于原本的高度分权，导致新项目的审批和资源分配变得缓慢，最终影响了产品的上市时间。而集权结构可以让并购后的整合更为容易。高管可以为合并后的企业制定各方面制度，集中管理各项职能，并解决各经营单位之间的问题。例如，一家大型制造企业在并购了一家新兴材料公司后，迅速实行了集权管理，通过统一的政策和集中决策，成功地将新材料技术迅速应用到了生产线上。

集权结构也有其弊端，它通常具有多层管理结构，由中央职能部门为营运单位提供服务，母公司将中央管理和支持服务的成本转移给营运单位，这些成本经常超过利润。例如，在某大型零售集团收购一家地区连锁店后，集团总部强制实施了一套统一的管理系统，结果导致地区连锁店的运营成本大幅增加，利润率下降。如果中央总部下达的政策不适用于营运单位，或者实施了不合适的控制措施、错误的管理人员或业绩考核标准，都会对公司价值造成破坏。例如，一家跨国制造公司在并购一家本地工厂后，中央总部任命了一位缺乏当地市场经验的经理人，实施了不符合当地市场需求的策略，最终导致工厂生产效率下降，市场份额丢失。

对于事业部型结构，为了实现管理良好且快速的并购后整合，需要建立管理层级较少的分权化管理结构。CEO 和事业部负责人之间的层级应该尽量减少，而 CEO 的管理幅度应适当增加，便于采取更果断的行动。比如，一家大型科技公司在并购一家初创企业后，直接由 CEO 与各事业部负责人沟通，从而极大地提高了决策效率。

一旦整合完成，新公司应该采用更分权的结构，并分担公司中央部门的各项成本，更高效地运作。例如，一家跨国制造企业在整合过程中，通过设立自主经营的事业部，减少了对中央总部的依赖，成功实现了资源的有效配置和市场的快速响应，从而大幅提高了整体运营效率。

文化融合

2000 年，时代华纳（Time Warner）和美国在线（AOL）宣布合并，完成历史上最大的公司合并，交易价值高达 1650 亿美元。这次合并的初衷是将传统媒体与新兴的互联网产业结合，期望产生协同效应，从而实现业务的互补和增长。

然而，这次合并并未如预期那样顺利。两家公司在企业文化上有着显著的差异。时代华纳作为一家老牌媒体公司，具有传统的管理和运营模式，而美国在线作为互联网公司，强调快速创新和灵活性。这种文化上的差异导致了员工之间、管理层之间的摩擦和不信任，从而严重影响了公司的运营效率和整体业绩。

在2006年年初，时代华纳的总裁杰弗里·比克斯决定不再强求公司内部各部门之间的合作，这是对2001年合并后战略的全面转向，因为持续的文化冲突证明了强制合作并不能带来预期的协同效应，反而增加了内部摩擦和资源浪费。随着互联网和新媒体的快速发展，市场竞争加剧，企业需要更加灵活和高效地应对市场变化，因此鼓励各部门在无法从外部获取更高利润时才进行内部合作，以提高各部门的自主性和竞争力。

结果，比克斯的决策虽然在一定程度上减少了内部冲突，但也未能彻底扭转公司的困境。之后的几年里，时代华纳进行了多次战略调整，包括分拆和出售部分业务，最终在2009年将美国在线剥离为独立公司。

企业文化是一套价值观、传统和信念，能够影响员工和管理层的行为。一些企业采取专制的管理风格，而另一些企业则非常宽松。有些员工倾向于高度集权，而另一些员工则倡导团队合作解决问题，或者鼓励个人表现。大型多元化企业通常有一个主文化，同时也存在一系列反映当地情况的子文化。

当两个具有不同文化的公司合并时，新成立的公司将形成与双方文化截然不同的新企业文化。文化差异可能会为新公司带来创造力，也可能会导致争议，并形成一个有争论的工作环境，从而对后期整合构成阻力。文化差异往往难以调和，尤其是在大型合并案中。高层管理人员的不同理念和策略也会导致决策过程中的冲突。

有形的文化标志包括公司大厅展示的荣誉奖杯和奖状，员工休息区的团队活动照片，管理层的专用会议室和优先停车位等。显而易见的形式还包括通过内部邮件和公告板传达的行为准则，对员工行为模式的潜在期望。这些内容代表了员工和管理层的实际行为，因此在形成和维护企业文化方面，往往比有形的标志具有更大的影响力。

员工在接受一种文化时，可以在企业内建立起形象识别和信任，当模糊感逐渐消失，对文化的接受度提高，信任感也会随之恢复。特别是那些与他们以前的企业形象非常接近的标识，更容易实现这一目标。

文化融合成功的关键在于两点：首先，识别并理解并购双方企业文化的差异；其次，有效地克服这些文化差异。

在识别和理解双方企业文化差异方面，可以通过对并购双方的员工进行调研、面谈，以及观察管理风格和管理实践，来写作企业文化介绍材料。这些信息可以展示出两种文化的相似点和不同点，并比较它们的优缺点。收购方与被收购企业的相对规模和成熟度，对文化整合有关键影响。

初创公司通常在外在形象和决策方面都相对不正规，薪酬可能大部分以股票期权和其他形式的递延收入为主，福利可能达不到国家和地方法规的要求，诸如公司汽车这类额外津贴基本不存在。公司制度通常没有明确的书面文件，或者根据需要临时制定。员工费用支出的内部管理也通常是能简则简。

相反，较大和成熟的企业通常高度结构化，具有完善的内部控制、薪酬结构、福利计划和雇佣政策。这样的企业已经发展到了相当规模和复杂度，缺乏这些规范将无法有序运作。员工通常有清晰的岗位职责和职业规划。

在高层审核文化介绍材料中的信息后，应该决定哪些企业文化特征应予以强调。最现实的期望是通过共同的愿景、一套核心价值观和管理层认为重要的行为,来鼓舞新企业的员工。公司文化是长期发展出来的,要想让员工全心全意地拥护管理层期望的企业文化,至少需要几年的时间,甚至可能永远无法完全实现。

在克服文化差异方面,可以采用一些具体方法,如分享共同的目标、标准、服务和空间等。

1. 共同目标

通过设定共同的目标,可以推动不同部门之间的合作。在职能层面,为新产品研发设定准确的日程表和流程,可以促进不同运作单元组成项目团队,争取在目标日期前推出新产品。在公司层面,时间长达数年的激励计划,可以促使所有业务单元追求一致的目标。尽管在整合过程中分享或拥有共同的目标是有帮助的,但个人仍应设定特定目标,以避免个人表现不佳被集体表现掩盖。

2. 共享标准

共享的标准或实践,可以让一个单元或职能部门采纳其他部门的最佳做法。这些标准包括操作程序、技术规格、伦理价值观、内部控制、员工绩效衡量,以及合并后公司的可比薪酬体系。

3. 集中服务

一些功能性服务可以集中管理,然后被多个部门或业务单元共享。这些可集中的服务包括会计、法务、公共关系、内部审计和信息技术。最常见的服务共享方式是使用共同的人员。此外,企业可以设立一个服务支持单位,允许业务单元从那里采购服务,或者从公司外部购买类似的服务。

4. 共享空间

将被收购企业的员工安置在紧邻母公司办公区的地方,是改善沟通和分享想法的有效做法。共同的实验室、计算机房和餐厅也有助于促进沟通与合作。混用办公区不仅能提高交流频率，还能增强团队凝聚力，促进不同文化的融合。

系统与流程整合

2019年，华特迪士尼公司以713亿美元收购了21世纪福克斯的主要资产，包括福克斯电影制片厂、国家地理频道、区域体育网络等。这次收购使迪士尼面临巨大且复杂的系统与流程整合挑战。

在信息系统整合方面，迪士尼首先着手整合ERP系统。两家公司各自拥有复杂的ERP系统，在整合过程中，迪士尼进行了大量的数据清理、标准化和迁移工作，以确保对财务、供应链、人力资源等模块的统一管理。同时，迪士尼统一了客户关系管理系统，将福克斯的客户数据迁移至自己的CRM系统中，以实现集中管理和客户服务优化。

在数据管理系统整合方面，迪士尼通过数据清理与迁移，确保了两家公司数据的一致性和完整性，这一过程涵盖内容库、用户数据、财务数据等多个方面。此外，迪士尼统一了数据分析平台，提升了数据驱动的决策能力，优化了市场分析、内容制作和发行策略。

业务流程的整合方面，迪士尼重新设计了内容制作和发行流程，统一了市场营销策略和流程，使迪士尼能够更好地整合两家公司的营销团队，优化资源配置，增强市场竞争力。

在管理流程方面，迪士尼统一了财务报表和预算管理流程，提升了财务透明度和控制力。此外，还整合了两家公司的招聘、培训、绩效考核和薪酬管理流程，优化了人力资源配置。为了帮助员工适应新系统和流程，迪士尼进行了广泛的员工培训。

最终的整合结果显著，迪士尼不仅提升了运营效率和市场竞争力，还实现了财务表现的显著提升。

企业并购后，对系统与流程进行整合的目标，是最大化合并后的协同效应和效率。以下是整合系统与流程的几个关键步骤：

1. 初步评估与规划

这一阶段，首先要进行现状分析，评估并购双方的系统与流程，了解各自的优缺点和差异。这包括深入了解业务运营系统、财务流程、人力资源管理系统、生产与质量控制流程等。接下来，需要明确整合的目标，包括提高效率、降低成本、增强市场竞争力等。要确保目标具体、可测量、可实现、相关且有时限（SMART原则）。最后，制订详细的整合计划，确定时间表、资源需求和责任分工。计划应包括短期目标和长期目标，以及关键里程碑。

2. 系统与流程对比

在此阶段，需要对比并购双方的ERP、CRM等业务运营系统，选择最佳方案或制订整合方案。例如，在2005年甲骨文公司收购仁科系统时，甲骨文在整合过程中选择了采用其自身的ERP系统，同时引入了仁科系统的一些先进功能，形成了一个更加全面的解决方案。

此外，这一阶段还要评估系统的兼容性、功能性和扩展性，以确保其能够满足未来业务需求。同时，对比财务管理系统，确保财务数据和报告的一致性。考虑如何合并财务报告、预算和财务控制，并确保其透明和合规。2009年惠普公司收购EDS时，通过对财务系统的全面整合，实现了预算和财务报告的统一，显著提升了财务透明度和合规性。

还要评估HR系统和流程，为了确保员工管理和文化融合顺利进行，整合薪酬、绩效管理和员工发展计划。2013年微软收购诺基亚时，通过整合HR系统，成功实现了员工管理和企业文化的融合。

3. 技术整合

在技术整合阶段，需要整合并优化 IT 基础设施，以确保系统的稳定和安全。这包括服务器、存储、网络设备和安全系统的统一和升级。亚马逊在收购全食超市后，进行了大规模的 IT 基础设施整合，升级了服务器和存储系统，以支持更高的数据处理需求。同时，进行数据迁移，确保数据一致性和完整性，并建立统一的数据管理平台。数据迁移需要通过详细地规划和测试，来确保数据的准确性和可用性。2016 年，戴尔在收购 EMC 时，通过精心策划的数据迁移方案，成功实现了数百 PB 数据的无缝转移，确保了业务连续性和数据完整性。

4. 流程优化

在流程优化阶段，需要结合最佳实践，对关键业务流程进行标准化，消除冗余和重复。建立标准操作程序（SOP），以确保各部门按照统一的流程操作。IBM 在并购红帽公司后，通过标准化其软件开发和部署流程，实现了更高的效率和一致性。引入自动化工具，提高流程效率和准确性。考虑使用 RPA（机器人流程自动化）等技术，来减少手工操作和人为错误。通过引入 RPA，IBM 在多个业务部门实现了自动化流程，不仅提高了处理速度，还显著减少了错误率。

5. 培训与变更管理

在此阶段，需要为员工提供必要的培训，以确保他们能够熟练使用新的系统和流程。制订详细的培训计划，包括培训内容、时间安排和培训评估。微软在收购领英后，为两家公司员工制订了全面的培训计划，以确保顺利整合新系统和业务流程。同时，制定变更管理策略，以确保顺利过渡，并减少整合过程中的阻力和不确定性。这包括沟通计划、变更影响评估和支持措施。通过这些措施，微软确保了变更的透明度和员工的积极参与，使整合过程更加顺利和高效。

6. 持续监控与改进

整合后需要建立监控机制，评估整合效果，及时发现并解决问题。使用关键绩效指标（KPI）和其他评估工具，以确保整合目标的实现。亚马逊在收购全食超市后，通过设立专门的监控团队，使用了多种 KPI 来评估整合进展和业务绩效。根据反馈和实际情况，持续优化系统与流程，定期进行审计和评估，发现改进机会，推动不断优化。

财务重组和资产重组

2017 年 8 月 8 日，中信集团（以下简称"中信"）完成了对麦当劳中国业务的收购。在并购后的重组期间，中信在财务重组和资产重组方面实施了一系列关键举措。

在财务重组方面，中信首先对麦当劳中国的财务报表进行了全面梳理和整合，细致评估了各项财务指标，包括资产质量、负债结构、营收来源和成本构成等，从而为后续的财务规划提供了清晰的基础。其次，结合中信集团的资金优势和麦当劳中国的业务需求，合理调配资金，确保了新店开设、设备更新以及市场推广等关键业务领域都能得到充足的资金支持。最后，中信强化了成本控制，深入分析运营成本，在原材料采购、人力成本、租金等方面采取精细化管理措施，降低了不必要的开支，从而提升了整体盈利能力。同时，调整了并购后企业的债务结构，对原有的债务进行重新安排，优化还款期限和利率，降低了财务风险，并保障了企业财务的健康。

在资产重组方面，中信采取了三个步骤：一是整合门店资产，根据市场需求和运营效益，对部分门店进行重新布局或优化，提升了门店的经营效率和顾客体验；二是优化供应链资产，中信与旗下的相关企业合作，整合供应链资源，实现了采购成本降低、供应稳定性提高和物流配送效率提升；三是整合品牌和营销资产，中信结合中国市场特点，对麦当劳的品牌推广和营销策略进行了调整，推出更符合本地消费者需求的营销活动，从而提升了品牌知名度和市场影响力。

通过这些财务和资产重组的有效举措，中信在收购麦当劳中国业务后，实现了资源的优化配置，提升了麦当劳中国在市场中的竞争力，从而为其未来的持续发展奠定了坚实基础。

财务重组和资产重组，既可能是企业日常管理的一部分，也可能是并购后的重点之一，但在并购后的情境中通常更为关键和突出。

在企业的日常运营中，财务重组可能会因为优化资本结构、降低资金成本、改善财务状况等原因而进行。资产重组可能是为了调整业务布局、剥离不良资产、整合优势资源等。

然而，在并购之后，财务重组和资产重组往往成为重点。并购后，企业通常面临着不同的财务状况、资产结构和经营策略的整合需求。

财务重组方面，通常需要整合双方的财务报表、处理债务问题、优化资金配置等。例如，可能需要对被并购企业的高成本债务进行重新安排，以降低财务费用。

资产重组方面，通常需要对双方的业务资产进行重新梳理和整合，以实现协同效应和提高运营效率。比如，将重叠的业务部门进行合并或调整，处置低效或非核心资产。

并购完成后，企业进行财务重组应注意以下关键步骤。

（1）整合财务报表。统一编制合并后的财务报表，确保财务信息的准确性和完整性，清晰反映企业的综合财务状况。

（2）优化资金管理。集中管理资金，提高资金使用效率，合理规划资金的分配和运用，降低资金闲置和浪费。

（3）调整资本结构。根据企业的偿债能力和发展需求，合理调整债务与股权的比例，以降低财务风险。

（4）成本控制与效益提升。全面分析成本构成，削减不必要的开支，优化运营流程以提高效益。

（5）税务规划。充分利用税收政策，合理进行税务筹划，以降低税务负担。

资产重组方面，应注意以下几个关键方面。

（1）业务整合。评估各项业务的盈利能力和发展前景，对相似或互补的业务进行整合，优化业务结构。

（2）资产剥离。出售非核心、低效或亏损的资产，集中资源发展核心业务。

（3）资产注入。将优质资产注入企业，来提升资产质量和企业价值。

（4）资源优化配置。合理调配人力、物力、技术等资源，以提高资源利用效率。

（5）品牌整合。统一品牌形象和营销策略，发挥品牌协同效应。

企业在并购后进行财务重组和资产重组时，需要综合考虑自身的战略目标、市场环境和内部资源等因素，制订科学合理的重组方案，并确保方案的有效实施。

第十二章　治理模式的构建

建立有效的治理机制

2006年，谷歌以16.5亿美元收购了YouTube，旨在进军视频分享市场。为了确保收购后的平稳整合，谷歌采取了一系列有效的治理机制。在运营上，允许YouTube保持较大的独立性，保留其品牌、团队和运营模式，以避免可能的文化冲突。这使YouTube能够继续以灵活和创新的方式运营，维持员工的士气和积极性，减少因并购带来的不确定性和焦虑感，并继续快速响应市场变化和用户需求，保持其创新动力。

在技术上，谷歌给予YouTube强有力的支持，特别是在视频搜索和推荐算法方面。通过整合谷歌的技术优势，YouTube在用户体验和内容分发方面取得了显著提升。谷歌的搜索引擎技术帮助YouTube优化了视频搜索功能，使用户能够更容易地找到感兴趣的内容。同时，谷歌的人工智能和机器学习技术提升了视频推荐系统的精准度，从而提高了用户黏性和观看时长。这种技术支持提高了平台的使用体验。

资金方面，谷歌为YouTube提供了充足的资金支持，使其能够扩展服务器和带宽，提升平台的承载能力和用户体验。并购后，YouTube面临的一个重大挑战是快速增长的用户和视频内容需求。谷歌的资金投入使

YouTube能够大幅扩展其基础设施，确保了其在全球范围内能够提供高速、稳定的服务。更大的带宽和更强的服务器能力，使得用户在任何设备上都能享受流畅的视频播放体验，从而提升了整体用户满意度。

在广告平台方面，谷歌逐步将其广告平台与YouTube整合，为内容创作者提供了更多的变现机会，同时提升了广告主的投放效果。通过引入谷歌的AdSense和AdWords平台，YouTube上的视频广告变得更加精准和高效，吸引了更多广告主的投入。这不仅为YouTube带来了可观的广告收入，还为内容创作者提供了稳定的收入来源，从而激励他们创作更多优质内容。

治理机制是指企业通过一系列的制度、规则和流程来管理和控制公司的运作，确保公司目标的实现和利益相关者的权益得到保护。在企业管理中，治理机制不仅是为了合规，更是为了提高企业的整体运营效率和稳定性。

在并购后，两个不同的企业文化、管理方式和运营模式需要进行整合。这种整合如果缺乏有效的治理机制，会容易引发一系列问题，如内部管理混乱、资源配置不当、员工士气低落等。在并购过程中，原有企业的文化可能存在较大差异，而这些文化差异如果得不到有效整合，将会导致员工之间的沟通产生障碍和合作困难。此外，在并购后，利益相关者的期望和利益可能会出现分歧，从而导致内部矛盾和冲突的发生。通过建立明确的职责分工和权责体系，可以有效地减少管理中的模糊地带，避免因权责不清而引发的冲突。通过设计科学合理的管理制度和流程，可以优化资源配置，提高工作效率，其有效执行还可以帮助企业快速响应市场变化和客户需求，增强企业的竞争力。

为了在并购后建立一个有效的治理机制，必须采取一系列具体的步骤。这些步骤包括制定新的管理制度、设立监督委员会、明确各层级管理职责、实施效果评估和持续改进等方面。

1. 制定新的管理制度

设计和建立新的管理制度需要涵盖企业各个业务和管理环节，包括但不限于财务管理、人力资源、市场营销、运营管理等方面。新的管理制度应当统一标准，并确保各部门和各层级能够在同一框架下工作。制度设计过程中，应广泛听取各方意见，确保制度既有科学性又具有可操作性。

为了使新制度得到全面贯彻，企业应当开展系统的培训，让员工充分理解并掌握新制度的内容和要求。同时，企业需要建立一套完整的执行监督机制，以确保各项制度能够被严格执行。定期检查和评估制度执行情况，发现问题及时调整和改进，以保证新制度的有效实施。

2. 设立监督委员会

监督委员会的设立，是为了保障治理机制有效运行。委员会应由公司高层管理人员、独立董事和外部专家组成，以确保其独立性和权威性。其成员应具备丰富的管理经验和专业知识，能够客观、公正地监督企业的运作。

监督委员会应制定详细的监督流程和标准，对公司的各项业务活动进行定期检查和评估。通过审计、内部控制等手段，监督委员会能够及时发现潜在问题和风险，并提出改进建议。此外，监督委员会应定期向董事会和股东报告工作情况，以确保企业运作的透明度和合规性。

3. 明确各层级管理职责

在并购后整合过程中，明确各层级管理职责首先需要进行职责划分，明确各层级管理人员的职责和权限，建立清晰的权责体系。每个管理层级应当有明确的职责范围和工作目标，以避免因职责不清而导致的管理混乱。

还需要建立责任追究机制，明确各层级管理人员在职责范围内的责任和义务。通过设立绩效考核和奖惩制度，激励管理人员积极履行职责，提升工作效率。定期对各层级管理人员的工作表现进行评估，发现问题及时纠正，以确保各项工作顺利进行。

4. 实施效果评估

通过定期的效果评估，可以发现治理机制运行中的问题，并及时进行调整和优化。具体步骤包括：

首先，应制定一套科学、合理的评估标准，这些标准应覆盖治理机制的各个方面，如制度执行情况、监督效果、管理职责履行情况等。评估标准应具有可操作性和可量化性，以便准确反映治理机制的实际效果。

其次，应定期对治理机制的实施效果进行全面评估，评估的频率可以根据企业的具体情况确定。评估过程中，可以采用内部审计、员工反馈、绩效数据分析等多种方法，以全面了解治理机制的运行情况。

最后，在评估结束后，应将评估结果汇报给董事会和管理层，并在企业内部进行适当的公开，以确保透明度，并使管理层可以全面了解治理机制的优缺点，从而为下一步的改进提供依据。

5. 持续改进

根据评估结果，企业应不断优化和完善治理机制，以适应内外部环境的变化，并确保其长期有效。持续改进的具体措施包括：

首先，根据评估发现的问题，制订详细的改进计划，明确改进目标、措施和时间节点。改进计划应具有针对性和可操作性，要确保其能够解决评估中发现的问题。

其次，根据改进计划，逐步实施各项改进措施。实施过程中，应注意各环节的协调和配合，以确保改进措施能够顺利推进。对重要的改进措施，可以设立专项工作组，专门负责实施和跟进。

最后，改进措施实施后，应对其效果进行跟踪和评估，以确保改进措施能够达到预期目标。如果发现改进效果不理想，应及时调整措施，进一步优化治理机制。

协调各方利益关系

2011年，谷歌以125亿美元收购摩托罗拉移动，意在通过这次收购获取摩托罗拉的专利组合，从而增强谷歌在移动设备市场的竞争力。然而，这次并购却以失败告终，因为两家公司在企业文化、管理风格以及战略目标上存在巨大差异而不能成功协调。谷歌作为一家科技巨头，以其开放、创新和灵活的企业文化著称，而摩托罗拉移动则有着传统硬件制造企业的严谨和规范。这种文化上的冲突在并购后迅速显现，导致摩托罗拉移动的员工士气低落，关键人才流失严重。

谷歌并未成功整合摩托罗拉移动的硬件业务，未能有效利用摩托罗拉的专利组合和硬件制造能力。谷歌的管理层在决策过程中缺乏对摩托罗拉移动业务的深刻理解，未能制定出有效的整合战略，导致两家公司在并购后难以协同工作。

由于未能有效协调并购后的利益关系，谷歌在2014年不得不将摩托罗拉移动以29亿美元出售给联想，这个价格远低于其收购成本，不但损失巨大，还对其在硬件市场上的战略布局造成了严重打击。

2016年，微软以262亿美元收购职业社交网站LinkedIn。这次并购被视为企业并购的成功典范，包括通过有效协调各方利益关系，实现了战略协同与业务增长。

在并购后，微软采取了一系列有效措施，以确保各方利益的协调。首先，微软允许LinkedIn保持相对独立的运营，保留了LinkedIn的品牌和管理团队，从而确保了其核心业务的稳定性和持续发展。这一举措不仅保留了 LinkedIn 的创新活力，还增强了员工的归属感和积极性。

其次，微软积极推动 LinkedIn 与其现有产品的整合，将 LinkedIn 的功能与 Office 365、Dynamics 等企业解决方案相结合，创造了巨大的协同效应，成功实现了业务的整合。LinkedIn 在并购后继续保持强劲增长，其用户数量和活跃度不断提升。而微软也通过这次并购，进一步巩固了其在企业解决方案市场的领导地位，并提升了其整体竞争力。

在企业并购的复杂过程中，协调各方利益关系是决定并购成败的关键因素。

利益相关者是指那些对企业决策和行动产生影响或受其影响的个人或团体。在并购的背景下，主要的利益相关者包括：

（1）股东。作为企业的所有者，股东关注的是并购对公司价值和自身投资回报的影响。并购能否带来预期的财务收益，是股东最为关心的问题。

（2）员工。作为企业的重要资产，员工的工作积极性与稳定性直接影响着企业的运营效率和创新能力。并购后，如何安抚员工情绪、保持团队士气，是管理层需要面对的挑战。

（3）客户。作为企业的收入来源，客户关心的是产品或服务的质量和稳定性。并购后，如何保持客户的信任和忠诚，是企业能否持续发展的关键。

（4）供应商。作为企业生产和运营的重要合作伙伴，供应商的稳定供应和合作关系直接影响着企业的生产能力和成本控制。

在并购后的整合过程中，不同利益相关者的目标和期望往往存在冲突。股东可能期望通过裁员降低成本、提高利润，而员工则担心失业和工作压力增加。此外，不同利益相关者对信息的需求和期望也各不相同。股东希望获得准确的财务数据和并购进展情况，员工需要了解工作岗位的稳定性和未来发展机会，客户则关注产品或服务的持续性和质量。

在并购后的整合过程中，成功协调各方利益关系需要一套系统且实用的方法，其中的一些关键操作步骤包括利益相关者分析、冲突管理和沟通策略等。

1. 利益相关者分析

这是并购后整合的首要步骤，识别并购后企业的主要利益相关者及其关切点，以制订有针对性的策略，确保整合过程中的稳定性和顺利进行。企业首先需要识别所有可能受到并购影响的利益相关者，包括股东、员工、客户、供应商、监管机构和社区等。每个利益相关者都有其独特的关切点和期望，需要全面了解和考虑。

接下来，企业应评估每个利益相关者对并购的影响力和兴趣程度。影响力大的利益相关者可能直接影响并购的成败，而对并购高度关注的利益相关者则可能在整合过程中提出具体要求或期望。通过与各利益相关者的沟通和调研，企业可以确定每个利益相关者的关键关切点。例如，股东可能关注财务回报，员工则关注工作稳定性和职业发展机会，客户关注产品或服务的持续性和质量。

2. 冲突管理

在并购后的整合过程中，不同利益相关者的目标和期望可能存在冲突。企业需要提前识别并购后可能出现的冲突，这可以通过利益相关者分析和内部调研来实现。例如，裁员计划可能引起员工的不满和抵触，客户服务的改变可能导致客户流失。针对识别出的潜在冲突，企业应制订相应的预防措施。例如，可以通过透明的沟通和合理的补偿计划，减少裁员对员工的负面影响；通过保持产品或服务的一致性，降低客户流失的风险。当冲突不可避免时，企业需要及时提供解决方案，如可以通过谈判和协商解决争议，或者通过建立申诉机制，让利益相关者有渠道表达不满和提出建议。

3. 沟通策略

透明、及时和双向的沟通能够增强信任和协作，减少不确定性和猜疑。企业应制订详细的沟通计划，明确不同利益相关者的沟通需求和频率。例如，股东可能需要定期的财务报告和并购进展情况通报，员工则需要了解并购对其职位和工作内容的具体影响。不同的利益相关者可能偏好不同的沟通渠道。股东可以通过年度报告和股东大会获取信息，员工可以通过内部公告和面对面的沟通会议了解情况，客户和供应商可以通过电子邮件和客户服务平台获取信息。

在沟通过程中，企业应确保传递给利益相关者的信息准确无误，以避免信息不对称导致的猜疑和不满。同时，及时沟通能够让利益相关者在第一时间了解并购的最新进展和企业的应对措施。企业应建立有效的反馈机制，让利益相关者有机会表达他们的意见和建议。例如，通过定期的问卷调查、座谈会和反馈邮箱等方式，企业可以收集利益相关者的反馈，并根据反馈及时调整策略和措施。

风险管理与合规

2016年，戴尔公司宣布以670亿美元收购EMC。这样大规模的并购伴随的整合风险是多方面的，包括财务风险、运营风险、文化整合风险以及法律和合规风险等。

财务整合风险方面，两家公司财务体系的差异巨大，戴尔必须确保在整合过程中能够平衡两者的财务操作和报告机制。为此，戴尔团队制订了详细的财务整合计划，还设计了一系列防范财务风险的措施，如建立统一的财务管理系统、加强现金流管理、实施严格的预算控制、强化内部控制以及定期进行财务审计等，以应对整合过程中可能出现的财务不确定性。

在运营整合方面，EMC的业务涉及多个领域，戴尔必须确保整合过程不影响各个业务部门的正常运作。为此，戴尔组建了一个由双方高层管理人员组成的整合委员会，来负责监督并指导整合过程中的每一个环节。该委员会制定了详细的整合步骤和时间表，并设立了专门的风险管理团队，来及时识别和应对整合过程中出现的运营风险问题，从而确保了各项业务顺利衔接。

EMC和戴尔的企业文化存在显著差异，需要将两者有机融合以防范文化整合风险。戴尔创始人迈克尔·戴尔亲自参与了多次文化整合研讨会，并强调开放和透明的沟通，倡导"以人为本"的管理理念，鼓励员工参与整合过程，倾听他们的意见和建议。这种开放的文化氛围，有效缓解了整合中的文化冲突，并增强了员工的归属感和认同感。

戴尔高度重视并购后的法律和合规要求。并购前期，戴尔组建了一个合规团队，专门负责识别并购过程中的法律风险。该团队与法律顾问紧密合作，确保了并购交易符合法律法规，并避免了潜在的法律纠纷。并购后，合规团队制订了一系列合规检查程序，以确保整合过程中所有操作均在法律框架内进行。最终，戴尔成功完成了对EMC的业务整合。

在并购后整合过程中，企业面临的诸多风险大致分为运营风险、财务风险以及法律和合规风险。

运营风险是指在并购后整合过程中，企业在日常运营中可能遇到的各种风险。这些风险包括但不限于生产中断、供应链问题、信息系统故障和人力资源问题。并购后，整合不同的运营系统和流程往往需要大量的时间和资源。如果整合不当，可能会导致运营效率低下，从而影响企业的市场竞争力。

财务风险是指并购后企业在财务管理和资本结构方面可能遇到的风险。两家公司财务体系的差异巨大，在整合过程中必须确保财务操作和报告机制的平衡。财务风险包括现金流管理问题、融资困难、财务报告不准确以及财务舞弊等。有效的财务整合计划和风险防范措施是确保财务稳定的关键。

法律和合规风险是指企业在并购后需要遵守相关法律法规和合规要求所面临的风险。每个国家和地区的法律法规不同，并购后的企业必须确保所有运营活动都符合相关法律要求。合规风险还包括税务问题、知识产权保护以及劳动法等方面的合规性。未能遵守相关法律法规可能会导致法律诉讼、罚款和企业声誉受损。

有效的风险管理和合规措施包括风险识别和评估、风险管理策略以及法律和合规管理等方面。

风险识别和评估，即在并购后整合过程中，尽量全面且准确地识别和评估企业面临的多种类型的风险，以便后续阶段更好地制定应对策略，确保整合过程的顺利进行。

并购后常见的风险类型包括运营风险、财务风险和法律与合规风险。运营风险方面，生产中断、供应链问题、信息系统故障以及人力资源问题是主要挑战。财务风险是另一个需要关注的领域。并购后，企业的现金流管理可能会不稳定，并影响日常运营和发展。融资困难也可能在并购过程中出现，导致财务紧张。财务数据整合不当可能会导致报告失真，影响企业决策，甚至可能出现财务舞弊行为，需要严密监控和防范。并购后的法律和合规应聚焦于税务问题、知识产权保护和劳动法合规等关键领域。不同国家和地区的税务政策差异巨大，税务整合可能复杂且不确定。并购后需要确保知识产权的保护和合法使用，同时遵守各国和各地区的法律法规要求，以避免法律纠纷和诉讼。

为了有效识别和评估这些风险，企业可以采用多种方法。

风险矩阵法通过将风险按照发生的可能性和影响程度进行分类，可以帮助企业识别最重要的风险并优先应对。例如，某大型制造企业在进行海外扩张时，使用风险矩阵法识别出原材料供应链中断和汇率波动为主要风险，并优先制订了相应的风险应对计划。

情景分析则通过模拟不同的风险情景，帮助企业了解各种风险的潜在影响，并制定相应的应对策略。如某知名零售企业曾在市场进入新的地区前进行情景分析，模拟了市场需求低迷和供应链延误等情景，成功制订出了应对这些挑战的灵活营销策略和物流方案。

压力测试通过模拟极端情况来评估企业的应对能力，以确保在极端情况下的财务和运营状况能够得到有效管理。如某国际银行在2008年金融危机后，定期进行压力测试，以评估其资本充足率和流动性应对能力，确保能够承受危机的冲击。

专家评估则通过召集内部或外部专家，对并购后可能面临的风险进行评估，并提供专业的见解和建议。如某科技公司在收购一家创新企业时，邀请了行业专家进行风险评估，识别出技术整合和企业文化差异为关键风险，并制订了详细的整合计划，从而确保了收购后的平稳过渡。

在对风险进行了识别和评估后，就需要运用有效的风险管理策略和工具来应对各种风险，以确保顺利过渡。

首先，要建立统一的内部控制系统，来整合两家公司的财务和运营系统，以实现数据的统一和透明，从而来更好地监控和管理财务状况。

其次，定期进行内部和外部审计，可以及时发现并解决潜在问题，确保财务数据的准确性和可靠性。审计团队应深入分析财务报表，评估内部控制的有效性，并提供改进建议。审计程序还可以帮助企业识别和应对合规风险，确保各项运营活动符合法律要求。

并购后，企业需要遵守多种法律法规，包括税务、劳动法、环境法规等。合规团队应制订详细的合规计划，定期进行合规审查，以确保企业各项活动符合相关规定。通过与法律顾问合作，合规团队可以及时了解最新的法律变化，调整合规策略，并避免法律风险。

并购后的企业运营，必须严格遵守法律法规和合规要求。税务合规要求企业了解并遵守各地的税务政策，确保税务申报与缴纳的准确性和及时性。未能遵守税务法规可能会导致罚款和法律诉讼，从而影响企业声誉和财务状况。

知识产权保护也是并购后需要关注的法律要求。企业必须确保并购过程中知识产权的合法性和有效性，并防止侵权行为的发生。通过与知识产权专家合作，企业可以制定和实施知识产权保护策略，确保技术和品牌的合法使用。

在劳动法合规方面，企业需要遵守各地的劳动法规，保障员工的合法权益。这包括薪酬福利、工作时间、劳动合同等方面的规定。合规团队应定期审查企业的劳动政策和实践，以确保其符合相关法律要求，并避免劳动纠纷和诉讼。

治理模式优化

在全球食品和饮料行业中，达能一直是一个重要的市场参与者。2017年，达能以123亿美元收购了美赞臣，以扩展其在婴幼儿营养品市场的份额。美赞臣是全球领先的婴幼儿营养品制造商，拥有丰富的产品线和广泛的市场覆盖。然而，在并购之前，美赞臣面临着市场增长放缓和运营效率低下的问题。达能看到了通过优化治理模式来激活美赞臣潜力的机会。

并购完成后，达能迅速着手对美赞臣进行治理模式的优化。首先，对美赞臣的管理层进行了重组，引入了更多具有全球视野和管理经验的领导者。其次，达能对美赞臣的产品开发流程进行了优化，引入达能自身在产品研发和市场推广方面的成功经验，使美赞臣能够更快速地响应市场需求，并推出更具竞争力的产品。最后，达能加强了美赞臣的信息化建设，特别是在供应链管理和数据分析方面的投资，使美赞臣能够更有效地管理供应链，降低成本，提高运营效率；更准确地把握市场动态和消费者需求，优化营销策略，提升销售业绩。

通过这些治理模式的优化，达能成功激活了美赞臣的潜力，使其在竞争激烈的婴幼儿营养品市场中重新焕发活力，最终实现了并购的预期效果。

在并购的复杂过程中，治理模式的优化扮演着至关重要的角色。治理模式是企业管理和运作的框架，它涵盖了从战略制定到执行的各个方面，包括组织结构、管理流程、决策机制、信息系统和文化建设等。

在并购后整合的过程中，优化治理模式的具体方面主要包括组织结构调整、管理流程再造、决策机制优化和信息化建设等。

组织结构的调整是通过重新设计组织架构以消除冗余，提高协同效应，确保资源的有效配置。例如，在达能并购美赞臣的案例中，达能对美赞臣的管理层进行了重组，引入了具有全球视野和管理经验的新领导者，不仅消除了组织内的冗余环节，还增强了整体战略的执行力。此外，明确的职责分工和科学的汇报关系能够提升管理的透明度与执行力，如达能在整合过程中，通过设立明确的汇报路径和职责界定，使各部门的工作更加协调和高效。

管理流程的再造，是通过优化现有的管理流程以减少流程中的摩擦和瓶颈，提高工作的效率和质量。在阿里巴巴集团并购饿了么后，通过引入先进的管理工具和方法，对供应链管理、产品开发和市场营销等关键环节进行了全面优化，实现了流程的标准化和自动化，从而显著降低了运营成本，提高了市场响应速度。

在决策机制方面，优化治理模式意味着建立更加科学和高效的决策流程。并购后的企业通常需要面对更加复杂和多变的市场环境，因此快速且准确的决策能力显得尤为重要。例如，戴尔在收购 EMC 后，建立了多层次的决策机制，明确了各层级的决策权限和责任，从而显著提高了决策的科学性和执行速度，使戴尔能够迅速应对市场变化，并在企业存储和云计算市场中保持竞争力。

信息化建设不仅可以提高内部沟通和协作的效率，还能够提供实时的数据支持，从而帮助管理层做出更为精准的决策。华为在并购赛门铁克存储业务后，通过投入巨资进行信息化建设，引入先进的数据分析和管理系统，实现了新公司内部的高效协同和实时监控。尤其是在现代企业管理中，数据驱动的决策已经成为提升竞争力的重要手段。通过这些系统，华为能够实时监控整合过程中各个环节的进展，包括库存、订单和物流情况，快速响应整合过程中出现的各种问题。此外，华为还利用大数据分析，优化了赛门铁克存储业务的生产计划和市场策略，使得整合后的产品能够更精准地满足不同市场的需求，从而进一步提升了市场份额和客户满意度。

在并购后整合期间，评估现有治理模式是优化治理模式的前期关键步骤。有效的评估能够帮助企业了解当前的管理架构和流程是否符合并购后的战略目标，并识别出需要改进的领域。

治理模式评估的标准和方法多种多样，主要包括以下几个方面：

（1）组织结构的评估。分析组织结构是否清晰、层级是否合理、职责分工是否明确,由此可以判断当前的组织架构是否有助于提高企业的运营效率和决策速度。比如,在阿里巴巴并购优酷土豆后,通过对组织结构的详细评估,发现了一些冗余和不协调的部门,从而进行了必要的组织重组。

(2)管理流程的有效性评估。评估管理流程是否流畅,是否存在瓶颈和冗余,可以帮助企业优化流程,提高工作效率。在IBM收购红帽之后,通过对现有管理流程的评估,IBM发现了一些关键环节存在效率低下的问题,随后引入了先进的管理工具和方法,进行流程再造,最终实现了管理流程的标准化和自动化。

(3)决策机制的科学性评估。分析决策流程的透明度、决策速度和决策质量,可以判断企业的决策机制是否有助于快速应对市场变化。戴尔在并购EMC后,通过评估决策机制,发现需要建立多层次的决策机制,明确各层级的决策权限和责任,从而提高了决策的科学性和执行速度。

(4)信息化建设的评估。评估信息系统的有效性,判断其是否能够提供实时的数据支持,帮助管理层做出精准决策。例如,华为在并购赛门铁克存储业务后,通过对信息系统的全面评估,发现了整合过程中存在的信息孤岛问题,随后进行了信息化建设的优化,从而实现了高效的内部沟通和协作。

在评估现有治理模式的基础上,企业可以制定相应的优化策略,以提高并购后的整合效果。优化策略包括流程再造、引入先进管理工具、加强信息化建设等。这些策略的实施,是基于对治理模式的评估结果,通过针对性地解决评估中发现的问题,从而实现治理模式的持续优化,并确保并购的成功。

第十三章　并购后的关系维护

与原有管理层的合作

与标的公司的管理层合作，在很大程度上决定了并购能否取得成功。

创建于 1988 年的贝莱德资产管理集团，在 2009 年以 135 亿美元收购了巴克莱全球投资者（BGI），这一并购使贝莱德成为全球最大的资产管理公司，其成功的并购，在很大程度上归功于与原有管理层的有效合作。

贝莱德在并购初期就表现出对 BGI 管理团队的高度尊重和信任，并在之后保留了原有的管理团队和运营结构。这种策略不仅缓解了 BGI 员工的焦虑情绪，也确保了业务的连续性。贝莱德并没有试图立即对 BGI 进行彻底的改造，而是选择了逐步整合，来将双方的优势资源有机结合起来。

整合计划包括对 BGI 管理层进行的持续培训，以帮助他们更好地理解和适应贝莱德的企业文化和运营模式。此外，贝莱德还制定了合理的激励机制，以确保 BGI 管理层和员工的积极性及忠诚度。这些措施共同促进了两家公司在战略和运营上的深度融合，使得贝莱德在并购后迅速提升了市场地位和资产管理规模。

eBay 在 2005 年以 26 亿美元收购了 Skype，试图通过整合这一流行的通信工具来增强其交易平台的互动性。然而，这次并购最终被证明是失败的，关键原因之一在于与原有管理层合作的不成功。

在并购初期，eBay 未能充分认识到 Skype 管理团队的重要性，未能有效地整合和利用原有管理层的专业知识与经验。Skype 的管理层在并购后感到被边缘化，对 eBay 的战略方向和运营方式存在明显分歧。缺乏信任和沟通，导致了管理层之间的紧张关系和合作障碍。

eBay 也未能制订有效的整合计划，甚至忽视了 Skype 独特的企业文化和技术平台。双方在目标和运营模式上的差异不断扩大，导致业务整合失败。最终，Skype 在 2011 年被微软收购，eBay 承认此次并购未能实现预期目标。

在并购完成后，原有管理层的角色至关重要，他们不仅是企业历史和文化的传承者，更是业务连续性和稳定性的保障，他们对企业内部运作、市场环境、客户关系和员工动态有着深刻的理解和独特的洞察。这些知识和经验是新管理层在短时间内难以获取的，也是实现顺利过渡的关键。

原有管理层的存在有助于减少并购后员工的焦虑和不安情绪。员工往往对并购持有怀疑和担忧，担心自己的工作安全和未来发展。熟悉的管理层在并购后的继续任职，可以提供一种稳定的感觉，使员工更易于接受新的企业文化和运营模式。

此外，原有管理层与客户和供应商建立的长期信任关系，对于维持业务的正常运转和市场的稳定至关重要。在并购初期，保持这些关键关系的稳定，有助于防止客户流失和供应链中断，并确保企业在市场上的竞争力。

原有管理层还是沟通桥梁，可以帮助新管理层更好地理解并购目标企业的内部运作和外部环境。他们可以协助新管理层制订更具针对性和实际操作性的整合计划，从而提高整合效率和效果。

为了确保与原有管理层的合作取得成功，并购期间要制定有效的合作策略，包括以下几个方面。

（1）信任关系的建立，如保持透明和开放的沟通，通过定期会议分享并购进展和未来计划，让原有管理层了解新公司的愿景和战略，尊重原有管理层的经验和见解，认可他们在企业成功中的贡献，确保他们感受到被重视和信任。

（2）应与原有管理层共同制定并购后的愿景和目标，可以通过战略会议和团队建设活动来实现。在制订并购整合计划时，邀请原有管理层参与，听取他们的意见和建议，能使计划更具可行性和操作性。

（3）明确角色，避免职责重叠或冲突，明确并购后每个管理层成员的职责和角色，确保原有管理层在新结构中有明确的定位和职责。同时，让原有管理层参与关键决策过程，增加他们的责任感和参与感，确保他们在新公司中仍然有话语权。

（4）文化融合，以促进新旧团队合作。通过培训和交流活动促进新旧文化的融合，并帮助原有管理层和员工理解并接受新的企业文化。强调共同的核心价值观，找到新旧文化的共同点，建立共同的企业文化基础。

制定了有效的合作策略后，还要制订详细的整合计划，包括以下几方面。

（1）为原有管理层提供针对性的培训，帮助他们了解新公司的战略、文化和运营模式。培训内容应包括领导力提升、变革管理和跨文化沟通等方面。为所有员工提供再培训机会，帮助他们适应新的工作流程和技术系统，确保培训计划覆盖所有关键岗位和技能需求。

（2）角色转换，根据并购后的需求适当调整管理层的职位和职责，以确保每个人都在最适合的位置上发挥最大作用。通过岗位轮换和跨部门合作，促进管理层之间的相互理解和协作，以提高团队的整体协作能力。

（3）激励机制，设计新的绩效评估和奖励机制，确保原有管理层的贡献得到公平的认可和奖励。激励机制应包括短期激励和长期激励，以激发管理层的积极性和创造力。考虑为原有管理层提供股权激励，使他们成为公司的股东，从而增加他们的责任感和归属感。

（4）持续支持，定期跟踪整合计划的实施情况，评估其效果并及时调整，以确保管理层和员工在整合过程中可以获得持续的支持与帮助。建立有效的问题解决机制，及时处理整合过程中出现的各种问题和挑战，以确保整合过程顺利进行。

员工关系的处理

并购是企业发展过程中常见的战略决策，但对于员工而言，却往往意味着不确定性和潜在的风险。这种不确定性可能表现为对职位稳定性的担忧，如员工害怕失去工作或被迫调岗。此外，并购可能带来工作内容的变化，员工可能需要适应新的职责和流程，甚至面对新的团队和管理层。企业文化的冲突也是一个重要因素，员工可能会担心新的公司文化与原有文化不兼容，导致工作环境和氛围的变化。例如，一家注重创新和灵活性的科技公司并购了一家传统制造企业，员工可能会担心两种截然不同的文化如何融合，是否会影响他们的工作方式和职业发展。

1. 沟通机制

企业应通过透明和及时的沟通来缓解员工的担忧。并购消息一旦确认，管理层应立即向全体员工通报，并解释并购的原因、目标和可能的影响。通过召开全员大会、发布公告或利用内部通信工具，企业可以提供详细的信息，使员工了解并购的整体情况和未来的规划。同时，管理层应开放渠道，允许员工提出疑问，并在最短的时间内给予回应，以帮助他们理解并购的意义和潜在的个人影响。

管理层需要表现出对员工情感的关注。并购往往会引发员工的焦虑和不安，甚至抵触情绪。因此，管理层应主动倾听员工的心声，了解他们的具体担忧和期望。通过一对一面谈、匿名调查或设立意见箱，企业可以收集员工的反馈，并针对性地采取措施。例如，若员工普遍担心职位不保，企业可以尽早明确新的组织架构，并提供必要的岗位保障和转岗机会。

管理层应加强对员工的心理支持。并购期间，企业可以引入心理辅导服务，为员工提供心理咨询和支持，帮助他们缓解压力，调整心态。企业还可以组织团队建设活动，通过集体项目、团队讨论或社交活动，增强员工之间的信任和凝聚力，使他们更好地适应新的工作环境。

企业应在并购过程中始终保持尊重和公平。无论是决策过程，还是具体实施，管理层应确保每位员工的权益得到保护。通过制定公平的薪酬和福利政策，提供公正的绩效评价和晋升机会，企业可以增强员工的归属感和安全感，从而减少因并购引起的负面情绪。

2. 挽留员工

中层经理在企业的日常运营中扮演着至关重要的角色。因此，在并购阶段，挽留中层经理应该列为优先工作。企业应制订详细的计划，明确哪些中层经理是关键人员，并优先挽留他们。买方企业通常会选定要挽留的标的企业的高级经理人员，并要求他们签订雇用协议，作为交易达成的一项条件。然而，对于中层经理的挽留，企业需要更具针对性的策略。这些经理人不仅需要感受到被重视，还需要清晰了解他们在新组织中的角色和前景。

为了最大限度地减少中层经理的流失率，企业可以采用多种激励措施。奖金和股票期权是常见的方法，例如，通过给予股票期权，企业可以将经理人的个人利益与公司的长期成功紧密绑定，使他们更有动力在新环境中发挥作用。

企业还可以设计额外的销售佣金计划，尤其是对于那些在销售和市场部门工作的经理人。这些计划不仅可以增加他们的收入，还能激励他们在并购后的新环境中继续努力工作，推动公司的业绩增长。例如，一家快速消费品公司在并购了一家新兴市场的企业后，为其销售团队设计了一个新的销售佣金计划，鼓励他们在新市场中快速扩展业务。

企业还可以通过提供职业发展机会来挽留中层经理。这包括为他们提供再培训、进修和职业发展规划，使他们能够在新的组织结构中找到自己的定位，并看到未来的职业发展前景。比如，通过设立领导力培训项目，企业可以帮助中层经理提高管理能力，适应新的组织文化，并为未来的职业晋升做好准备。

沟通也是挽留中层经理的关键因素之一。在并购过程中，企业应保持透明和及时的沟通，确保中层经理了解并购的进展、未来的计划以及他们在新组织中的角色。通过定期的会议、一对一谈话和内部通信，企业可以减少不确定性和猜疑，从而增强中层经理的信心和稳定性。

客户和供应链关系

日本制药公司武田药品（Takeda）在 2019 年完成了对爱尔兰制药公司 Shire 的并购，这是当时医药行业内最大的一笔并购交易。

并购后，武田药品为了确保并购对客户的影响降到最低，对两家公司现有的客户群体进行了全面分析，识别出关键客户并与之保持密切沟通，定期召开客户会议和进行反馈收集，以确保客户在并购过程中的任何疑虑都能得到及时解决。

武田还加强了客户服务团队的培训，使他们能够熟悉并购后的新产品线和服务流程，以帮助客户顺利过渡到新的服务体系，这增强了客户对武田的信任和忠诚度。公司引入统一的客户关系管理系统（CRM），使管理客户信息更高效，从而让服务质量和响应速度都得以提高。

在供应链管理方面，并购完成后，武田立即展开详细的供应链评估，以确定整合的关键领域。通过整合两家公司的供应商网络，武田不仅优化了供应链的布局，还实施了先进的供应链管理技术，如数据分析和供应链可视化工具，这就让武田能够实时监控供应链的各个环节，快速应对潜在的问题，并确保药品的及时生产和交付。

武田与关键供应商保持密切沟通，确保了供应商能够适应新的合作模式和需求。通过与供应商共同制定质量控制标准，确保了供应链的每个环节都符合高标准的生产要求。

在并购后的短时间内，武田不仅保持了高水平的客户服务，还通过供应链优化实现了显著的成本节约和效率提升。

企业并购后，应通过多种措施有效管理客户和供应链关系。

1. 客户关系管理

企业并购往往会引发客户对企业未来发展的担忧，这种不确定性可能导致客户流失。为了应对这种情况，企业需要迅速采取行动，向客户传达明确的信息，以确保他们了解并购的目的和未来的战略方向。例如，百事公司在并购桂格燕麦公司后，迅速通过媒体和客户通信向市场传达了并购的战略意图，并强调将继续保持桂格品牌的独立性和产品质量。通过这种透明的沟通，百事成功减轻了客户的疑虑。

在并购过程中，企业需要确保服务和产品质量的连续性。客户对服务和产品的稳定性有很高的期望，一旦出现任何质量问题，都会直接影响客户的满意度和忠诚度。为了避免这种情况，企业可以设立专门的并购整合团队，来负责监督和管理并购后的运营，以确保各项服务和产品质量标准不受影响。比如，亚马逊在收购全食超市后，设立了专门的质量监控小组，负责监督全食超市的产品质量和供应链管理，以确保并购不会影响产品的新鲜度和质量，从而维持了客户的满意度。

并购期间，企业应积极寻求与客户的互动和反馈，了解他们的需求和担忧。可以通过客户满意度调查、定期回访等方式，及时获取客户的意见，并迅速采取相应的改进措施，以提升客户的满意度，增强客户对企业的信任和依赖。迪士尼在并购福克斯后，通过一系列客户满意度调查和社交媒体互动，收集客户对新内容和服务的反馈，并迅速调整内容策略，以满足客户的期望。

企业应制定并实施有效的客户关系维护策略，重点关注重要客户和高价值客户的关系维护。通过个性化的服务和关怀，增强客户的归属感和忠诚度。辉瑞制药在并购惠氏制药后，为其重要客户提供了专属的健康管理服务，并定期举办客户关怀活动，提升了客户的满意度和忠诚度，避免了并购过程中出现的客户流失问题。

2. 供应链稳定

并购后，供应链的任何中断或波动，都可能会对企业的运营和客户服务产生严重影响。为此，企业要对现有供应链进行全面评估，识别并购过程中可能出现的风险和薄弱环节，包括审查供应商的可靠性、交付能力和财务状况。戴尔公司在并购 EMC 后，对其供应链进行了详细分析，确定了关键供应商的风险，并制订了相应的应急计划，以确保供应链的连续性。

并购过程中，企业应加强与供应商的沟通与合作，确保他们对并购后的新业务环境有充分的了解，可以通过定期会议、培训和合作协议等方式实现。通过透明的沟通，供应商可以更好地适应新公司的运营模式和要求。迪士尼在并购福克斯后，通过举办供应商大会和一系列沟通活动，向所有供应商详细介绍了并购后的业务策略和流程，确保了供应链各环节的顺利衔接，从而成功维持了供应链的稳定性，并确保了业务的平稳过渡。

企业还应考虑多样化的供应链，以减少对单一供应商的依赖。可以通过开发新的供应商，或与现有供应商签订长期合作协议来实现，以降低风险，提高供应链的灵活性和响应能力。同时，企业应建立供应链监控和管理系统，实时跟踪供应链的各个环节。这可以通过采用先进的供应链管理软件和技术，实现对库存、运输和交付的全程监控。一旦发现问题，企业可以迅速采取措施，避免影响扩大。企业还应与供应商建立紧密的合作伙伴关系，推动共同发展。这不仅包括在技术和工艺上的合作，还包括在市场和业务拓展上的协作。通过建立互利共赢的关系，企业和供应商可以共同应对市场变化，保持供应链的稳定和竞争力。

3. 重新审视合同与协议

由于并购可能会带来业务结构、运营模式和法律框架的变化，原有的合同和协议可能需要进行调整和更新，以适应新的业务环境。

企业需要对现有合同和协议进行全面审查，识别其中可能存在的风险和不适应新业务环境的条款，包括对合同期限、价格条款、服务水平协议（SLA）、违约条款和其他关键条款的详细审查。审查过程中，企业应特别注意那些可能会导致法律纠纷或财务风险的条款。

并购过程中，企业应与客户和供应商进行沟通，解释并购对现有合同和协议的影响，并协商必要的调整。透明的沟通与协商有助于增强客户和供应商的信任，并减少因合同变更引发的争议和误解。此外，企业还应根据并购后的新业务需求，制定和签署新的合同与协议。这些新合同应充分反映新的业务目标和策略，并包含明确的条款和条件，以确保各方权益。

并购期间，企业还应加强合同管理和监控，确保所有合同和协议都能得到严格执行和管理。可以采用合同管理软件和系统,实现对合同生命周期的全程管理,包括合同的起草、审批、签署、执行和存档。企业还应建立健全的法律和合规团队,来提供专业的法律支持和咨询。这个团队应负责合同审查、风险评估、纠纷处理等工作,以确保所有合同和协议都符合相关法律法规,从而保护企业的合法权益。

外部沟通与品牌管理

2017年,全球食品和饮料巨头雀巢以5亿美元收购了蓝瓶咖啡(Blue Bottle Coffee),后者成立于2002年,总部位于美国加利福尼亚州奥克兰,是精品咖啡市场的佼佼者,以严格的咖啡豆采购标准和精湛的烘焙技术闻名,致力于为顾客提供最佳的咖啡体验。雀巢此次收购蓝瓶咖啡的主要原因,是提升其在高端咖啡市场的竞争力,并借助蓝瓶咖啡的品牌影响力和市场份额,进一步扩展雀巢的业务版图。

并购后,雀巢采取了明智的品牌整合策略,保留了蓝瓶咖啡的品牌和独特的运营模式,其创始团队和管理层也保留了原有的角色,从而确保了品牌的连续性和独特风格的延续。雀巢和蓝瓶咖啡还共同制订了详细的外部沟通计划,向市场传达并购后双方合作的战略意义和未来愿景。通过一系列市场推广活动和宣传,雀巢强调蓝瓶咖啡将继续保持其高质量和独特风格,并获得雀巢强大的资源支持,以提供更丰富的产品和更优质的服务。

在媒体关系方面,雀巢积极利用各种媒体渠道,展示并购后的品牌互补和市场扩展。通过新闻发布会、媒体采访和社交媒体平台,雀巢和蓝瓶咖啡共同向公众传达了双方合作带来的创新和成功故事。而在公共关系事件管理方面，雀巢和蓝瓶咖啡预见并解决了顾客对品牌变化的担忧，通过与顾客的直接沟通和反馈机制，及时应对并购过程中出现的各种问题。

企业并购不仅涉及财务和运营的整合，更需要在品牌形象和市场认知方面实现有效过渡和统一，以避免导致市场混乱、客户流失和品牌价值下降。因此，并购后的整合策略必须注重如何在外部传达新的企业定位和愿景，向市场、客户、投资者以及其他利益相关者传达并购带来的积极变化，增强信任和认可，还要实施品牌管理策略，以确保品牌价值的传承与提升。

并购后的品牌整合策略，主要包括品牌重塑和品牌传承两个方面。品牌重塑旨在通过重新定义和调整品牌形象，使其能够更好地反映并购后的企业定位和核心价值。在雀巢收购蓝瓶咖啡的案例中，雀巢保留了蓝瓶咖啡的独特品牌形象，同时利用其在高端咖啡市场的影响力，提升了雀巢整体的品牌价值。

品牌传承则强调在保留原有品牌资产和顾客忠诚度的基础上，逐步融入新的企业文化和品牌元素。通过细致的品牌传承策略，可以最大限度地保持原有品牌的核心价值和市场影响力。雀巢在收购蓝瓶咖啡后，继续保持其独立运营，确保其原有的品牌风格和产品质量不受影响，从而赢得了顾客的持续信任。

品牌整合策略还需要考虑品牌的市场定位、目标客户和竞争环境等因素，应通过市场调研和消费者分析，了解并购后品牌在市场中的实际表现和潜在挑战，并据此制定相应的策略和措施。同时，品牌整合策略的实施还需要得到内部员工的支持和配合，通过培训和沟通，确保员工理解并接受新的品牌定位和战略目标。

并购后的整合期间，还需要制订有效的市场沟通计划，其不仅是向外部利益相关者传达并购信息的渠道，更是塑造新企业形象、巩固市场地位和维护客户信任的关键环节。

市场沟通的首要任务是明确并购后的新定位和愿景,并通过各种渠道传达给市场和客户。新定位应清晰、具体,能够反映并购后的企业战略方向和核心价值。当雀巢收购蓝瓶咖啡后,通过宣传蓝瓶咖啡将继续保持其高质量和独特风格,同时获得雀巢的资源支持,雀巢成功传达了双方合作带来的积极影响。

沟通计划应包括一系列有针对性的宣传活动,以确保信息传达的广度和深度。这些活动可以包括新闻发布会、媒体采访、社交媒体宣传、广告投放以及客户见面会等。通过多种渠道的综合运用,企业能够有效覆盖不同的利益相关者群体,从而确保信息传递的全面性和准确性。

在市场沟通中还要注意透明性,这意味着企业应尽可能公开并购过程中的关键信息,如并购原因、整合计划和预期成果。这有助于消除市场的不确定性,增强利益相关者的信任。一致性则要求所有沟通渠道和信息发布保持一致,避免因信息不对称或不一致而引起混乱或误解。

市场沟通还需要注重与客户的互动和反馈机制。企业应通过多种方式与客户保持密切联系,及时了解他们的关切和反馈,并在沟通中积极回应。例如,通过客户调研、问卷调查、在线互动等方式,企业可以收集客户的意见和建议,并根据反馈不断调整和优化市场沟通策略。

市场沟通计划的实施还需要内部各部门的协同配合。市场、销售、公共关系等部门应紧密合作,以确保信息发布和沟通活动的高效执行。同时,企业领导层应积极参与市场沟通,发挥表率作用,通过亲自出席重要活动和直接与客户沟通,来增强市场对新企业的信心。

管理媒体关系是企业外部沟通战略的核心组成部分。媒体作为信息的传播者和舆论的引导者,能够直接影响公众对并购的认知和态度。企业应制订详细的媒体沟通计划,明确信息发布的时间表和内容重点。并购消息的发布应尽早进行，内容要包括并购的原因、目标、预期效果以及整合计划等关键信息。通过新闻发布会、媒体采访、新闻稿等方式，企业可以确保重要信息的及时传达。雀巢收购蓝瓶咖啡后，通过一系列新闻发布和媒体报道，成功传递了双方合作的战略意义和未来愿景，从而赢得了广泛的媒体关注和正面报道。

企业应与媒体建立良好的合作关系。选择具有影响力和公信力的媒体渠道进行信息发布，并与媒体保持密切的沟通和互动，可以通过定期的媒体见面会、专访和新闻通报，及时向媒体传递最新的进展和信息，以确保媒体报道的准确性和积极性。同时，企业应关注媒体的反馈和舆论动向，及时回应媒体的疑问和关切，以开放、透明的态度赢得媒体的信任和支持。

在管理媒体关系的过程中，企业还需要积极应对外部舆论，尤其是在并购过程中可能出现的负面报道和质疑声音。应准备好详细的应对方案，包括设立专门的危机公关小组，制定明确的危机处理流程和应对措施。当出现负面舆论时，应迅速反应，可以通过官方声明、媒体通报和公众澄清等方式，及时化解危机，稳定舆论环境。

此外，企业可以利用社交媒体平台，与公众进行直接沟通。通过官方社交媒体账号，企业可以发布并购的最新信息，回答公众的疑问，分享企业的故事和愿景。这不仅有助于增强信息传播的广度和深度，还可以通过互动提升公众的参与感和信任度。

在并购后，还要重视公共关系事件管理。并购过程复杂且具有不确定性，可能会引发各种公共关系事件，包括员工不安、客户流失、市场波动甚至负面舆论。企业应进行全面的风险评估，识别并购过程中可能出现的公共关系事件。通过内部调研、市场分析和利益相关者访谈，企业可以了解并购对员工、客户、投资者和公众的影响，识别潜在的风险点。在识别风险后，企业应制定详细的公共关系事件管理预案。预案应包括具体的应对策略、行动步骤和责任分工，以确保在事件发生时能够迅速反应和有效处理。例如，针对员工不安，企业可以通过内部沟通渠道，及时向员工传达并购的原因、目标和预期效果，安抚员工情绪，并增强他们对企业的信心。针对客户流失，企业可以通过加强客户服务、推出优惠政策和增值服务，来维持客户关系，减少客户流失的风险。

在公共关系事件管理过程中，企业应注重信息的透明和沟通的及时。信息透明意味着企业应尽可能公开并购过程中的关键信息，避免信息不对称引发的猜测和误解。及时沟通则要求企业在公共关系事件发生后，要迅速向公众和媒体发布权威信息，澄清事实，稳定局势。此外，企业还应建立高效的危机处理机制。设立专门的危机公关小组，明确危机处理流程和责任人，确保在公共关系事件发生时能够迅速反应和协调各方资源。同时，企业应定期进行危机演练，以提升团队应对公共关系事件的能力和经验。

第十四章　如何实现并达成双方并购的目的和意义

协同效应的发挥

2020年7月13日，腾讯宣布收购搜狗，借此并购，腾讯成功整合了搜狗的搜索和输入法业务，并借助搜狗的技术优势，不仅在搜索引擎市场的份额显著提升，还通过优化微信和QQ等社交平台的用户体验，显著提高了用户黏性和流量。通过这次并购，腾讯在以下几个方面实现了协同效应。

（1）腾讯利用搜狗的搜索技术提升了其在微信和QQ中的搜索功能，使得用户能够更快、更精准地找到所需的信息。

（2）搜狗的输入法技术被整合到腾讯的产品中，为用户提供了更智能和高效的输入体验。腾讯不仅借此改进了自身应用的用户界面和交互体验，还通过数据分析提升了广告投放的精准度和效果。

（3）腾讯通过搜狗的大数据分析能力，进一步增强了其广告业务。搜狗积累的大量用户数据和搜索行为分析，帮助腾讯更好地了解用户需求，从而优化广告投放策略，提高了广告点击率和转化率。这直接推动了腾讯广告收入的增长。

（4）通过并购搜狗，腾讯还有效整合了双方的研发资源，降低了技术研发成本。在搜索算法和自然语言处理方面的联合研发，使腾讯在人工智能领域取得了更多的技术突破。

协同效应，指的是通过并购实现资源整合和优化，从而使得合并后的企业能够创造出比单独运作时更高的价值。这种效应通过多种途径展现，包括成本的节约、收入的增加以及财务效益的提升。简单来说，协同效应就是让并购后的"1+1＞2"。

协同效应的类型主要包括成本协同、收入协同和财务协同。

成本协同，是通过资源整合和优化运营流程来减少成本支出，例如，合并后的企业可以共享研发成果、生产设施和物流网络，从而实现成本节约。通过并购，企业可以减少重复研发的投入，集中资源进行创新。例如，制药行业中的并购常常通过整合研发部门，来加快新药的研发进程，从而节省大量的时间和资金。在生产设施的共享上，通过合并，企业可以优化生产布局，利用更大的生产规模实现规模经济，降低单位生产成本。此外，物流网络的整合可以减少运输和仓储费用。零售行业中的大型并购案例，如亚马逊收购全食超市，通过整合其线下门店和线上物流体系，极大地提高了自身的运营效率，降低了物流成本。

收入协同，是通过市场扩展和交叉销售机会来增加收入来源，比如，并购后的企业可以利用彼此的客户资源和市场渠道，推出更多的产品和服务，扩大市场份额。在市场扩展方面，企业可以进入新的地理区域或市场领域。雀巢收购星巴克的零售咖啡业务，使其能够快速进入高端咖啡市场，从而扩大了其产品线和市场覆盖面。在交叉销售方面，通过并购，企业可以利用双方的客户基础和销售网络进行交叉销售，从而提升整体销售额。比如迪士尼收购皮克斯后，借助皮克斯的品牌影响力和创意能力，不仅丰富了其动画电影的内容,还通过其强大的营销网络增加了周边产品的销售收入。

财务协同,则是通过税收利益和资本成本的降低来提高财务效益,如并购后的企业可以通过统一的财务管理和税务规划,获得更好的融资条件和税收优惠。在税收利益方面,通过并购,企业可以利用双方所在国家或地区的税收政策差异,进行税务优化,从而减少整体税负。比如,某些跨国企业通过并购,将利润转移至税率较低的国家,从而降低了整体税务成本。在资本成本的降低方面,通过并购,企业可以提升其信用评级,获得更优的融资条件,并降低借贷成本。贝莱德收购贝恩资本后,通过其庞大的资产管理规模和市场影响力,成功降低了融资成本,提高了资本运作的效率。

协同效应的实现是在企业并购实现之前就已经开始策划的,毕竟协同效应本身就是并购活动追求的主要目标之一。在并购前,企业需要通过详尽的市场调研和财务分析,评估并购对象的资源和能力,以及并购后可能实现的协同效应。企业应对并购目标进行详细的尽职调查,包括其财务状况、市场地位、技术实力和组织文化等方面,以识别出哪些领域可能存在协同效应。例如,在评估一家科技公司的时候,企业应重点关注其研发能力和专利组合,以判断是否能在技术创新方面实现协同。

企业还需要通过财务建模和模拟,预测并购后可能带来的财务效益。这包括成本节约、收入增加和财务成本降低等方面,以便量化协同效应的潜在价值,从而为并购决策提供数据支持。

在并购后,确认和实现协同效应需要有效地管理及运营。优化运营流程是实现协同效应的关键手段之一。企业应通过整合双方的业务流程,消除重复和冗余,提高运营效率。通过统一生产流程和标准,企业可以减少生产周期和成本,从而实现规模经济。整合供应链也是实现协同效应的重要途径。通过整合双方的供应链网络，企业可以优化物流和采购流程，降低供应链成本，提高供应链的灵活性和响应速度。

统一品牌管理也是实现协同效应的重要策略。通过整合双方的品牌资源，企业可以提升品牌价值和市场影响力。例如，通过统一品牌形象和营销策略，企业可以增强市场竞争力，吸引更多的客户。此外，企业还可以通过共享市场渠道和客户资源，实现交叉销售和市场扩展，从而增加收入来源。

实现协同效应还需要持续的绩效监控和调整。企业应建立有效的绩效监控体系，跟踪并购后的整合进展和协同效应的实现情况。通过定期评估和分析，企业可以及时发现问题并进行调整，这就确保了协同效应的最大化。例如，通过定期的财务分析和运营评估，企业可以发现并解决运营中的瓶颈和挑战，从而提高运营效率和财务绩效。

长期价值的创造

2017年，中国化工集团以430亿美元收购了瑞士农业化学公司先正达，后者作为全球领先的农业化学公司，拥有丰富的产品线和强大的研发能力，其先进的农药和种子技术在全球范围内广受认可。中国化工通过收购先正达，不仅获得了这些核心技术，还借助先正达在全球市场的广泛影响力，迅速提高了自身的国际化水平。

并购完成后，中国化工和先正达迅速展开了深度整合。在技术方面，中国化工利用先正达的研发实力，加速了自身产品的技术升级和创新；在市场方面，通过先正达的全球销售网络，中国化工的产品迅速进入了更多国际市场，提升了品牌影响力和市场占有率。两家企业的资源互补和协同效应，为中国化工带来了持续的增长动力，也为中国农业现代化和可持续发展提供了有力支持。随着技术的不断进步和市场的不断扩大，中国化工在全球农业化学领域的地位得到了进一步巩固，成为推动行业发展的重要力量。

价值创造的基础在于从战略角度充分利用并购带来的机会，以实现市场份额扩大、技术创新和产品线扩展等目标。中国化工并购先正达后，利用先正达的全球销售网络，将自身产品迅速推向国际市场，显著扩大了市场份额。这种战略性的市场扩展不仅提高了企业的竞争力，也为其未来的持续增长奠定了基础。

技术创新是并购实现长期价值的重要驱动力之一。通过并购，企业可以获得对方的先进技术和研发能力，从而加速自身的技术升级和创新进程。中国化工并购先正达后，通过迅速整合先正达的研发团队和技术资源，推动了自身产品的技术升级。

产品线的扩展也是并购实现价值创造的关键之一。并购使企业能够迅速丰富自身的产品线，提供更多元化的产品和服务，满足不同市场和客户的需求。中国化工并购先正达后，获得了先正达在农药和种子领域的完整产品线，从而显著增强了自身在农业化学领域的竞争力。

此外，企业在并购过程中需要制定和实施一系列战略措施，以确保价值创造目标的实现。这包括制订清晰的整合计划，合理分配资源，优化运营流程，以及建立有效的管理机制。

风险管理是并购过程中确保长期价值实现的重要环节。识别和管理可能影响并购长期价值的风险因素，能够帮助企业在复杂的市场环境中保持稳健发展。主要的风险管理方面包括法律问题、市场反应和运营障碍。

并购涉及多个法律领域，如反垄断法、劳动法、税法等，不同国家和地区的法律法规差异较大，可能带来复杂的合规挑战。企业需要在并购前进行全面的法律尽职调查，以了解目标企业的法律状况，并评估潜在的法律风险。并购过程中，企业应与专业的法律顾问合作，要确保所有交易环节符合法律要求，并避免法律纠纷和监管处罚。中国化工并购先正达时，就与多家国际法律事务所合作，顺利通过了各国反垄断审查，从而确保了交易的合法性和合规性。

并购消息公布后，市场和竞争对手的反应可能会对企业造成影响，如股价波动、客户流失和市场份额下降等。企业需要在并购前制定详细的市场应对策略，并及时向投资者、客户和公众传达并购的积极意义和未来发展计划，以增强市场信心。同时，企业应密切关注市场动态，要灵活调整营销策略，以保持竞争优势。中国化工并购先正达后，通过一系列市场推广活动和客户沟通计划，成功稳定了市场情绪，并维护了客户关系和市场份额。

并购后，企业需要整合双方的业务流程、信息系统和管理架构，这一过程可能遇到各种运营障碍，如系统不兼容、管理混乱和效率下降等。企业需要制订全面的整合计划，合理分配资源，从而来确保运营的连续性和稳定性。通过设立专项整合团队，来明确各阶段的目标和任务，逐步推进整合工作，解决运营中的问题。中国化工并购先正达后，设立了专门的整合办公室，负责协调和推进各项整合任务，以确保运营顺利过渡和高效运行。

持续绩效监控

1999 年，沃尔玛成功收购了英国零售商 Asda。并购后，沃尔玛迅速采取了一系列措施，以确保两家公司顺利整合。为了确保并购目标的实现，沃尔玛引入了详细的绩效监控体系。

在整合过程中，沃尔玛制定了一系列关键绩效指标（KPI），包括市场份额、利润率和库存周转率等。通过这些 KPI，沃尔玛能够有效地监控 Asda 的运营情况，评估并购后的整合效果。沃尔玛还建立了一套高效的数据收集和分析系统，能够实时跟踪这些关键指标的变化。

每个月，沃尔玛的管理团队都会对收集到的数据进行详细分析，并评估 Asda 在市场中的表现。通过这种持续的监控，沃尔玛能够及时发现并解决运营中出现的问题，确保 Asda 的各项业务能够按照预期顺利进行。比如，在发现某些产品线的库存周转率较低后，沃尔玛迅速采取措施，优化供应链流程，改善库存管理，从而提高了运营效率。

此外，沃尔玛很重视员工培训和文化融合，引入了定期的绩效评估和反馈机制，绩效指标包括工作效率、销售业绩和客户满意度等，以实时跟踪员工的表现。每个月，管理团队会根据这些指标对员工进行详细评估，并提供具体的反馈和改进建议。员工知道自己的表现如何，并了解改进方向，会使他们更有动力去达成目标。此外，通过定期的绩效评估，沃尔玛可以根据实际情况调整培训内容和管理策略，从而确保了员工的技能和工作方法与公司发展需求保持一致。

并购的成功不仅在于签署协议和完成交易，更在于后续整合过程中的精细管理。持续绩效监控能够帮助企业及时发现并解决整合过程中可能出现的问题。在并购后的整合阶段，各种运营、文化和系统的融合往往会遇到挑战。通过实时监控，企业能够迅速识别这些问题，并采取相应措施，避免潜在的风险和损失。

持续绩效监控还有助于确保资源的有效配置。在并购整合中，各部门和业务单元需要协调一致，以充分利用资源。通过绩效监控，企业可以动态调整资源分配，确保各项整合活动有序进行，并避免资源浪费和重复投入。

持续绩效监控还能够提升员工的积极性和参与度。通过定期的绩效评估和反馈机制，员工可以清晰地了解自己的表现和改进方向。这不仅有助于提高员工的工作效率，还能增强他们的归属感和工作积极性，进而推动整体绩效的提升。

关键绩效指标（KPI）是衡量并购整合效果的核心工具。通过制定和使用KPI，企业可以科学、系统地监控整合进展，确保各项并购目标的实现。

财务指标通过监控收入增长率、利润率、现金流等指标，可以让企业了解整合后的财务表现。收入增长率能够反映整合后市场份额的变化，利润率则可以评估成本控制和运营效率的提升情况。现金流的监控有助于确保企业在整合过程中保持健康的财务状况。

运营指标包括库存周转率、生产效率和供应链绩效等。库存周转率能够反映整合后的库存管理水平，生产效率则可以评估生产流程的优化情况。供应链绩效通过监控供应链的响应速度和成本，可以确保整合后的运营顺畅高效。

市场指标包括市场份额、客户满意度和品牌认知度。市场份额的变化能够直观反映整合后的市场地位，客户满意度则可以评估整合后的服务质量和客户体验。品牌认知度的提升能够增强企业在市场中的影响力，并推动企业的长期发展。

通过制定和使用这些关键绩效指标，企业可以全方位、多角度地监控并购整合的进展和效果。

建立有效的数据收集和分析系统是确保并购整合顺利进行的重要环节。数据收集需要涵盖并购整合的各个方面，包括财务、运营、市场等多个维度。企业应建立统一的数据平台，整合来自不同部门和业务单元的数据，确保数据的全面性和一致性。例如，通过 ERP 系统，企业可以实时获取财务数据，通过 CRM 系统收集客户反馈，通过供应链管理系统监控库存和物流情况。

企业应制定严格的数据收集标准和流程，以确保数据的准确性。同时，数据收集应具备实时性，要能够迅速反映整合过程中出现的变化和问题。例如，实时监控销售数据，可以帮助企业迅速了解市场反应，及时调整营销策略。

通过先进的数据分析工具和技术，企业可以对大量数据进行深入分析，发现潜在的问题和机会。例如，使用数据挖掘技术，企业可以识别出影响整合效果的关键因素，通过预测分析，可以预见未来的趋势和挑战。

数据可视化是数据分析的重要组成部分。通过直观的图表和报表，企业管理层可以更容易理解复杂的数据，从而可以迅速做出决策。例如，使用仪表盘展示关键绩效指标的实时变化，使管理层能够一目了然地了解整合进展，及时采取相应措施。

持续优化并购整合效果的关键在于，根据监控结果进行及时调整和改进。企业应定期审查并购整合的绩效指标。通过定期评估 KPI，企业可以了解整合进展和效果。例如，每季度进行一次全面的绩效评估，审查财务指标、运营指标和市场指标的变化，找出实际表现与预期目标之间的差距。这种定期审查有助于企业及时发现问题，并采取相应的改进措施。

根据监控结果，企业应灵活调整整合策略。例如，如果财务指标显示成本超出预期，企业可以重新评估整合后的成本结构，寻找节约成本的机会。如果市场指标显示客户满意度下降，企业可以加强客户服务和售后支持，提升客户体验。

数据分析在调整和改进中起着关键作用。通过深入的数据分析，企业可以发现问题的根本原因。例如，生产效率下降可能是由于某些设备老化或流程优化不足，库存周转率低可能是由于供应链管理存在瓶颈。针对这些问题，企业可以制订详细的改进计划，优化流程和资源配置，提高整体绩效。

企业应鼓励员工参与改进过程。员工是并购整合的重要参与者，他们的反馈和建议对持续优化具有重要价值。通过建立反馈机制，企业可以收集员工的意见和建议，了解他们在工作中遇到的实际问题，并采取相应措施加以解决。定期组织员工座谈会或匿名问卷调查，了解员工的需求和困惑，增强他们的归属感和工作积极性。

企业应保持灵活性和持续改进的态度。并购整合是一个动态过程，企业需要不断适应内外部环境的变化，并及时调整整合策略。通过持续监控和改进，企业可以不断优化整合效果，从而实现并购的长期价值。

战略调整和优化

2010 年，吉利汽车以 18 亿美元的价格收购了瑞典豪华汽车品牌沃尔沃。这次并购在当时引起了全球汽车行业的广泛关注，许多人对这次跨国并购能否成功持怀疑态度。毕竟，吉利作为一家中国的民营汽车企业，之前主要专注于中低端市场，而沃尔沃则以其高端、安全和技术先进的品牌形象著称，二者在市场定位和企业文化上存在显著差异。

然而，吉利通过一系列战略调整和优化措施，不仅成功地整合了沃尔沃，还使其业绩显著提升。在并购后，吉利首先对沃尔沃的品牌定位进行了重新评估，决定保留沃尔沃的瑞典总部及其研发中心，继续保持其高端品牌的独立运营。吉利尊重沃尔沃的品牌价值和技术优势，避免了强制性的文化融合，从而保持了沃尔沃原有的品牌特色和市场影响力。

与此同时，吉利通过引入自身的资源和市场优势，帮助沃尔沃开拓了中国这一全球最大的汽车市场。吉利与沃尔沃在技术研发、供应链管理和市场营销等方面进行了深入合作，使沃尔沃在中国市场的销量大幅增长。此外，吉利还通过对生产流程的优化和资源的重新配置，提高了沃尔沃的生产效率和成本控制能力。

经过几年的努力，沃尔沃不仅在财务上实现了扭亏为盈，其全球市场份额也稳步上升。吉利和沃尔沃的成功整合被视为跨国并购中的经典案例。

在并购整合过程中，进行战略调整和优化不仅关系着并购双方能否顺利融合，还直接影响着并购后的企业能否实现预期的协同效应和长期发展目标。调整的必要性主要体现在以下几个方面：

（1）并购通常涉及不同企业文化的融合。每个企业都有其独特的文化、管理风格和价值观。没有战略调整的并购可能会导致文化冲突，进而影响员工士气和工作效率。通过战略调整，可以识别和解决文化差异，建立共同的企业文化，从而增强员工的归属感和凝聚力。

（2）并购带来了市场和客户群体的变化。原有的市场定位可能不再适用于新公司的整体战略。为了适应新的市场环境，企业需要重新评估和定位自身，以确保能够满足新的客户需求，提升市场竞争力。这需要对产品线、品牌形象和市场营销策略进行全面调整。

（3）对资源重新配置和优化以实现并购协同效应。并购后，企业需要整合双方的资源，包括人力、物力和财力资源，以避免资源浪费和重复建设，并实现规模经济和范围经济，以及提高运营效率和竞争力。

（4）并购后，企业需要对原有的组织结构进行重新设计，以适应新的战略需求。包括管理层的整合、部门的重组以及业务流程的再造，以促进企业内部沟通与协作，提高决策效率和执行力。

（5）进行战略调整促进风险管理。并购带来了新的风险和挑战，通过战略调整，企业可以识别潜在风险并采取相应的防范措施，以减少并购失败的可能性，并确保并购后的企业能够稳步发展，实现预期的目标。

在并购整合过程中，具体的调整策略需要根据并购双方的实际情况量身定制，以最大限度地实现协同效应和资源优化。为此，需重新评估市场定位，全面分析现有市场、潜在市场和客户需求，确定最佳的市场定位，以调整产品线、品牌形象和营销策略，确保能够抓住市场机遇，满足客户需求。在吉利收购沃尔沃后，对沃尔沃的品牌定位进行了重新评估，保留了其高端市场定位，并成功打开了中国市场。

并购后，企业需要对原有的组织结构进行全面重新设计，以适应新的战略需求并实现协同效应。企业通常会进行管理层的整合，合并相似或重复的管理职位，以确保高层领导团队能够协同工作。具体措施包括任命新的管理层成员，保留并合理分配原有管理层的职责，以平衡经验与创新。

企业还需要详细划分各部门的职能，避免职能重叠和资源浪费。在吉利收购沃尔沃后，双方对市场营销、研发、生产等关键部门进行了重新划分，确保了各部门的职能清晰明确，避免了因职责不清导致的效率低下。

此外，企业还可以通过流程再造和标准化，简化复杂的业务流程，提高工作效率。具体措施包括引入先进的业务流程管理（BPM）工具，对关键流程进行梳理和优化。吉利在并购沃尔沃后，对供应链管理流程进行了全面优化，通过采用全球最佳实践和技术，缩短了供应链周期，提高了交付效率。

持续改进模型，如六西格玛，是实现流程优化的有效工具。六西格玛是一种通过减少缺陷和变异，来提高产品质量和流程效率的方法。它强调数据驱动的决策，通过系统的方法和工具（如DMAIC：定义、测量、分析、改进、控制）实现持续改进。吉利在并购沃尔沃后，通过引入六西格玛等持续改进模型，不断优化生产和管理流程，提高了整体运营效率。

后　记

并购与重组的智慧启迪与未来展望
——《并购与重组：理念、策略、流程、实战一本通》的深度思考

在胡华成老师与刘泰玲老师的新作《并购与重组：理念、策略、流程、实战一本通》引领下，我们仿佛穿越了一段充满智慧与策略的商业征途。作为上海衡鼎量书企业管理集团的创始合伙人，我深感此书不仅是对并购与重组领域的一次全面剖析，更是对我们集团"企业家幕后大脑"定位的深度诠释与实践指导。在此，我愿借此机会，分享一些阅读后的感悟与对未来的展望。

1.并购与重组的智慧启迪

（1）资本思维的深度渗透。《并购与重组：理念、策略、流程、实战一本通》一书，开篇便以资本思维为引领，深刻阐述了并购行为背后的资本逻辑与市场机制。这与衡鼎集团一贯倡导的"以资本思维为导向"不谋而合。在衡鼎的实践中，我们始终将资本作为推动企业成长的重要力量，通过精准的资本运作，助力企业实现价值的最大化。胡华成老师与刘泰玲老师在书中详细剖析了并购过程中的资本运作技巧与风险控制策略，为我们提供了宝贵的实战经验。

（2）上市陪跑者的角色定位。本书不仅阐述了并购与重组的理论框架，更强调了实践中的策略与技巧。这与衡鼎集团"企业家幕后大

脑""上市陪跑者"的角色定位高度契合。我们深知，在企业的成长过程中，尤其是在并购与重组这一关键环节，企业需要的不仅仅是专业的咨询服务，更需要一个能够陪伴其左右、共同面对挑战、分享成功喜悦的伙伴。衡鼎集团正是这样一位伙伴，我们致力于成为企业家的坚实后盾，陪伴他们走过上市之路的每一步。

（3）价值倍增的核心理念。书中多次提及并购与重组对企业价值的提升作用，这与衡鼎集团"帮助企业实现价值十倍、百倍新倍增"的愿景不谋而合。我们坚信，通过并购与重组，企业能够迅速整合资源、扩大规模、提升竞争力，从而实现价值的飞跃。然而，这一过程并非一蹴而就，需要企业具备清晰的战略规划、敏锐的市场洞察力和高效的执行能力。胡华成老师与刘泰玲老师在书中通过丰富的案例分析，为我们展示了这些关键要素在并购与重组过程中的重要作用。

2. 并购与重组的未来展望

（1）数字化转型的加速推进。随着科技的飞速发展，数字化转型已经成为企业并购与重组的必然趋势。在《并购与重组：理念、策略、流程、实战一本通》一书中，虽然未直接提及数字化转型的具体内容，但字里行间透露出对新技术应用的重视与期待。未来，衡鼎集团将继续关注数字化技术在并购与重组领域的应用，通过大数据、人工智能等先进技术，为企业提供更加精准、高效的并购咨询服务。同时，我们也将积极探索数字化转型对企业价值提升的新路径，助力企业在数字经济时代实现跨越式发展。

（2）全球化视野的拓宽。在全球化的今天，企业并购与重组的边界日益模糊。衡鼎集团作为一家具有全国影响力的战略及上市陪跑集团公司，始终保持着开放的全球化视野。我们深知，只有不断拓展国际合作与交流，才能为企业提供更广阔的市场空间和更丰富的资源支持。因此，未来我们将继续加强与国际知名咨询机构、投资机构及行业协会的合作与交流，共同探索全球化背景下的并购与重组新机遇。

（3）可持续发展的深度融合。在追求经济价值的同时，衡鼎集团始终不忘企业的社会责任与可持续发展目标。我们深知，只有实现经济效益与社会效益的双赢，才能赢得社会的尊重与认可。《并购与重组：理念、策略、流程、实战一本通》一书中虽然未直接探讨可持续发展问题，但其所倡导的价值创造与长期主义理念及可持续发展的核心理念相契合。未来，我们将继续将可持续发展理念融入并购与重组的全过程，并通过优化资源配置、推动技术创新、加强环境保护等措施助力企业实现绿色、低碳、循环发展。

3. 结语

《并购与重组：理念、策略、流程、实战一本通》不仅仅是一本关于并购与重组的权威著作，更是一部启发我们思考与实践的智慧宝典。在胡华成老师与刘泰玲老师的引领下，我们将更加坚定地以资本思维为引领、以结果为导向、以价值为核心的信念与追求。未来衡鼎集团将继续秉承"企业家幕后大脑"的定位与使命，陪伴更多企业走过并购与重组的征程，共同迎接更加辉煌的未来！

衡鼎量书集团创始合伙人
邱伯瑜